Ulrike Rylance / Lisa Hänsch

Penny Pepper
Tatort Schule

Der vorliegende Doppelband enthält die Bücher
›Penny Pepper – Chaos in der Schule‹
›Penny Pepper – Auf Klassenfahrt‹

Ulrike Rylance

Ulrike Rylance, geboren 1968, schreibt gern Kinderbücher und hat die zwei süßesten Hunde der Welt. Die dürfen ihr auch beim Schreiben zusehen, aber nur wenn sie nicht den Computer anknabbern. Sie wohnt seit 2001 in Seattle, USA, und hat auch die zwei süßesten Töchter der Welt – sowie einen relativ süßen Ehemann.

Lisa Hänsch

Lisa Hänsch, geboren 1988, zeichnet für ihr Leben gern Bilder für Bücher und sogar Bilder für Trickfilme und fürs Fernsehen. Manchmal zeichnet sie auch heimlich Leute in der U-Bahn. Wenn die das merken, muss sie schnell die Flucht ergreifen, das ist dann fast so spannend wie Detektivsein. Sie wohnt mit Mann und Kind und Hund in der Nähe von Köln.

Tatort Schule

Ulrike Rylance & Lisa Hänsch

Von Ulrike Rylance sind bei dtv außerdem lieferbar:
Penny Pepper – Alles kein Problem
Penny Pepper – Alarm auf der Achterbahn
Penny Pepper – Chaos in der Schule
Penny Pepper – Tatort Winterwald
Penny Pepper – Spione am Strand
Penny Pepper auf Klassenfahrt
Penny Pepper – Diebesjagd in London
Penny Pepper – Schurken auf dem Schulhof
Penny Pepper – Hochzeitstorten und Halunken
Penny Pepper – Wildschweine und Umweltferkel
Penny Pepper – Überfall im Hühnerstall
Penny Pepper – Spürhunde & Spielverderber
Penny Pepper ermittelt (Doppelband)
Penny Pepper – Detektive auf Reisen (Doppelband)
Zweite Pause Zoff und Zucker. Nickis geheime Notizen
Ein Date für vier
Mein Mathe-Desaster oder der lange Weg zum ersten Kuss
Das magimoxische Hexenhotel – Auch Hexen brauchen Urlaub
Das magimoxische Hexenhotel – Klassenfahrt auf Knatterbesen
Das magimoxische Hexenhotel – Vorsicht, bissige Gäste!
Der Tiersitter Club – Alles für die Katz

Ungekürzte Ausgabe 2019
4. Auflage 2025
© 2016, 2017 dtv Verlagsgesellschaft mbH & Co. KG
Tumblingerstraße 21, 80337 München
produktsicherheit@dtv.de
Die enthaltenen Werke wurden vermittelt durch die
Literaturagentur Kai Gathemann
Umschlagbild und -gestaltung: Lisa Hänsch
Gesetzt aus der Asap
Layout und Satz: Lisa Hänsch
Satz: Kösel Media GmbH, Krugzell
Druck und Bindung: C.H.Beck, Nördlingen
Printed in Germany ISBN 978-3-423-71833-2

Penny Pepper

Chaos in der Schule

von Ulrike Rylance & Lisa Hänsch

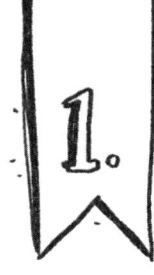

1. WIR KOMMEN INS FERNSEHEN!

Also wahrscheinlich. Vielleicht. Eventuell.

Also gut – das Fernsehen kommt zu uns in die Schule.
Weil sie unseren *Talentwettbewerb* filmen wollen.

Und der beste Auftritt
**WIRD DANN IM
FERNSEHEN**
GEZEIGT! *yeah!*

Ida, Marie, Flora und ich mit Dschastin – logisch!

Es ist nämlich so gut wie sicher, dass wir gewinnen
werden. Denn unsere Nummer heißt:

**◄DSCHASTIN►
DER BESTE UND SÜSSESTE
SPÜRHUND DER WELT ZEIGT SEIN
ATEMBERAUBENDES KÖNNEN!**

Dschastin ist nämlich jetzt supergut im
SPURENSUCHEN geworden und kann so ziemlich
alles erschnüffeln. Zum Beispiel gestern im Skatepark,
da lag so eine Mütze. **▥▷** So blau mit Bommel und
kleinen Entchen drauf. Die hatte jemand verloren.
Irgendein armes Kind saß jetzt zu Hause und weinte
bitterlich, weil es seine Entchenmütze nicht mehr hatte.

ALSO EIN GANZ KLARER FALL FÜR UNSERE DETEKTIVBANDE!

Flora hat Dschastin die Mütze vor die Nase gehalten und
»Dschastin, such!« gesagt und **DSCHASTIN**
ist sofort losgestürmt und wir sind hinterher. Das war so
aufregend! Erst mal ist er im Kreis herumgerannt, dann
ist er auf der Rampe herumgesaust und wollte dort oben
Pipi machen (das konnten wir gerade noch verhindern)
und dann ist er zielstrebig hinter die Rampe geflitzt, wo
so ein Versteck ist und wo immer die **Liebespaare**
rumlungern und Händchen halten und knutschen *örks*.
Und dann hat Dschastin laut gebellt, was bedeutet,
dass er den Besitzer der Mütze gefunden hatte! Wir sind
sofort hinter die Rampe gestürmt und da saß die Blutbach-Tochter aus meinem Haus mit zwei Jungs aus der

zehnten Klasse. Sie haben aber nicht Händchen
gehalten und geknutscht *örks*, sondern eine geraucht.

ZISCHT AB!!

»Wir bringen dir deine Mütze«,
habe ich höflich gesagt.
Aber die **Blutbach-Tochter**
hat gesagt, dass ihr der hässliche
Deckel nicht gehört und ob sie etwa
so aussieht, als ob sie mit bescheuerten
Enten auf dem Kopf herumläuft?

Also, das fand ich schon ziemlich undankbar!
Und ihre Freunde waren genauso blöd. Einer
hat doof gelacht. Und der andere hat gesagt:
»Mann, wie mich die Zwerge nerven!«

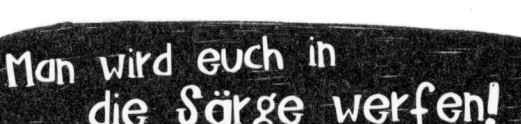

Man wird euch in
die Särge werfen!

hat mein Diktiergerät da geplärrt. Das wiederholt
irgendwie immer alles ein bisschen falsch.

➡ ABER DAFÜR GANZ LAUT!

Der Blutbach-Tochter ist vor Schreck die Zigarette
aus dem Mund gefallen und sie hat angefangen,
so keuchend zu husten, und da sind wir lieber weg.
Die Mütze haben wir mitgenommen.

Dschastin ist trotzdem **DER BESTE SPÜRHUND DER WELT**
und er kann auch noch viel mehr:

Was Dschastin beim Talentwettbewerb noch alles Tolles machen wird:

★ ein belegtes Brot mit Schinken
  auf der Bühne finden ➞ so clever!

★ an einem Taschentuch schnuppern und dann den
  Besitzer im Publikum finden ➞ so großartig!

★ eine Stinkesocke von meinem Bruder Tim
  auf der Bühne finden ➞ so todesmutig!

★ mit mir und Ida und Flora und Marie tanzen ➞ so cool!

★ Pfötchen geben ➞ so süß!

★ über ein Seil hüpfen und einen Ball fangen ➞ so sportlich!

★ süß gucken ➞ so goldig!

Ich weiß ja nicht, was die anderen aus der SCHULE geplant haben. Aber es ist bestimmt nicht so toll wie unser Dschastin und deshalb kommen wir **garantiert** ins Fernsehen und OMI kann mich dann angucken und sich freuen.

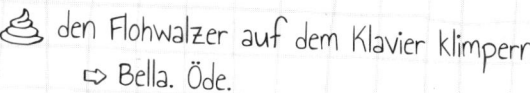

WAS DIE ANDEREN
WAHRSCHEINLICH MACHEN WERDEN:

💩 den Flohwalzer auf dem Klavier klimpern
⇨ Bella. Öde.

💩 ein Solo auf der Trompete quäken
⇨ Dieser Typ aus der Parallelklasse, der mit dem Bubi-Haarschnitt. Grausam.

💩 im Glitzeroutfit herumtanzen und hopsen und dabei eingebildet gucken
⇨ Die Parallelklassentussis Jette, Ivi und Leonie. Örks.

💩 auswendig 34 Strophen von einem Gedicht runterleiern
⇨ irgendeins von den Streberkindern. Gähn.

💩 wie irgendein Popstar ~~kreischen~~ singen
⇨ ein paar Mädchen aus der Achten oder Neunten, die machen das jedes Jahr. Lahm.

Jedenfalls standen wir also heute Nachmittag alle total aufgeregt in der Aula unserer SCHULE herum und haben auf das Fernsehteam gewartet.

Im Publikum saßen Eltern und Tanten und Onkel und Geschwister und haben aufgeregt getuschelt und gezappelt. Mama und Papa konnten leider nicht kommen, weil Mama jemandem Zähne ziehen und Papa auf einen Kongress* für Passwort-Sicherheit fliegen musste, aber dafür war Oma mit ihrem Hund Rosi und ihrer Freundin Wilma gekommen.

*Ein Kongress ist so ein Treffen, wo die Erwachsenen um einen großen Tisch herumsitzen und Kaffee trinken. Manchmal hält auch einer eine Rede und alle klatschen und dann schütteln sie sich gegenseitig die Hände und trinken weiter Kaffee. → Total öde.

Herr ÖRTEL, unser Hausmeister, hat immer wieder nervös an das Mikrofon gepocht, das vorn auf der Bühne stand. Das hat jedes Mal ganz laut

GEKNALLT!

und jedes Mal hat Omas Freundin Wilma gerufen:

Es hat geklopft!
Herein!

{ Omas Freundin Wilma ist ein bisschen schwerhörig... }

Einige Lehrerinnen waren auch extra wegen dem **FERNSEHTEAM** beim Friseur, die ganze Aula hat nach Haarspray gerochen. Unser neuer **cooler** Englisch-Referendar Herr Robinski hat uns zugerufen:

ARE YOU READY, KIDS?

Und wir haben zurückgebrüllt:

»Yes, Mr Robinski!«

WARUM HERR ROBINSKI SO COOL IST:

➤ In seinem Englischunterricht kann man sitzen oder liegen, wo und wie man will. Sogar unter dem Tisch. Hauptsache, man hört zu.
★**Cool!**★

➤ In seinem Englischunterricht gucken wir immer Cartoons auf Englisch. Versteht keiner, aber trotzdem **Cool!**

➤ Manchmal bringt Herr Robinski seine Gitarre mit und dann singen wir auf Englisch. Glaube ich zumindest. Ich hab keine Ahnung, was wir da singen, aber es klingt schön! ★ ★ ★

➤ Manchmal bringt Herr Robinski englische Bonbons mit, die heißen „Jelly Babies". Das sind kleine bunte Gummibabys, denen kann man den Kopf abbeißen.
★ **Cool!!** ★

Unsere neue **Kunst-Referendarin** Frau Kreuzwald-Klappenberg hat überall Lavendelöl versprüht und Teelichter angezündet, damit es gemütlich wird. Frau Kreuzwald-Klappenberg hat es nämlich gern gemütlich, sie ist total *lieb*.

WARUM FRAU KREUZWALD-KLAPPENBERG SO LIEB IST:

✳ In ihrem Kunstunterricht kriegt jeder eine Eins, egal was man malt.

✳ In ihrem Kunstraum flattern überall so bunte Tücher herum und es riecht immer ein bisschen nach Lavendel.

✳ Wenn wir im Kunstunterricht malen, hören wir immer Musik. Ganz oft auch Indianermusik mit Trommeln und Wolfsheulen.

✳ Sie meckert nie, weil sie findet, dass Meckern negative Energie schafft.*

* Negative Energie ist so was wie dicke Luft, weil jemand schlechte Laune hat. Und positive Energie ist dann Luft mit Trommelmusik und Lavendelduft und guter Laune. Oder so ähnlich.

Aber dann hat **Herr ÖRTEL** die Teelichter wegen dem Brandschutz wieder ausgemacht und stattdessen Musik aufgelegt ⇨ **WEGEN DER STIMMUNG UND SO.**

»Aaatemloooos durch die Naaaaaaacht ... spür, was Liiiieebe mit uns maaaacht ...«

Herr Örtel war drauf und dran, auch noch zu **TANZEN,** aber da kam zum Glück Herr Robinksi und hat gerufen:

»DAS FERNSEHEN! DAS FERNSEHEN IST DA!«

ALLE sind zum Fenster gestürzt und haben rausgeguckt. Da standen zwei große Autos, auf denen stand

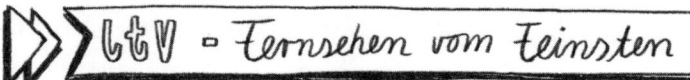

⏵⏵ **btV – Fernsehen vom Feinsten**

und ein paar Leute stiegen gerade aus.

SIE HOLTEN ALLE MÖGLICHEN AUFREGENDEN SACHEN AUS DEN AUTOS

Belichtungsmesser

Scheinwerfer

Kabeltrommel

Kamera

Puschelmikrofon

Alle Jungs aus unserer Klasse haben jetzt behauptet, dass sie später auch mal **KAMERAMANN** werden, weil das <u>SO COOL</u> ist, und dass sie dann **Äktschn-Filme** drehen werden mit explodierenden Autos und tollen Supermännern und so.

Ida hat gesagt, dass sie dann **KAMERA-FRAU** wird und Horrorfilme mit tollen Autos und explodierenden Supermännern dreht, und ich habe zu Marie gesagt: »Wenn wir heute erst mal ins Fernsehen kommen, dann werden wir später total berühmt mit Dschastin.«

Da hat jemand neben mir ganz laut und blöd gelacht.

Idaaaa...Wieso?!!

POW

»HAHA, ALS OB IHR HEUTE MIT EUREM KOMISCHEN HUND INS FERNSEHEN KOMMT!«

UNSER KOMISCHER HUND??? WIE BITTE?

18

Es war Ivi aus der **Parallelklasse**, die stand da mit Leonie und Jette. Sie waren als **ROCKSTARS** angezogen. So mit ganz wilden Haaren und ganz viel **Glitter** und so getigerten Hosen.

➡ **IN PINK.**

»Jaaa!«, hat Leonie gleich hinterhergekräht. »Weil wir nämlich ins **Fernsehen** kommen. Die Kittycats. Bei uns rockt und tanzt die Masse!«

> Bei uns kotzt die ganze Klasse!

hat mein Diktiergerät laut gebrüllt. Hihi. Aber das muss ich unbedingt noch ausschalten, bevor die Show anfängt!

Marie und Ida und Flora haben gekichert und die aus der **Parallelklasse** sahen jetzt ziemlich sauer aus.

... was für ein geiles Muster...

»Dafür haben wir als Einzige eine Tier-
nummer«, hab ich gleich aufgetrumpft.

Doch da hat Ivi mit **IRGENDWAS GELBEM**
rumgewedelt und so affig: »Ach, ja? Denkste?
Dann guckt mal da rein« gesagt.

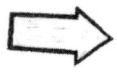

*— und dann hat sie mir das gelbe
Ding mit einem fiesen Lachen hingeklatscht*

FATSCH!

Ich wollte gerade sagen,
dass Ivi ihre **alten Käsescheiben**
selber aufheben kann, aber da hat Marie das
DING schon aufgehoben. Es war das Programmheft.
Und als Marie es aufgeschlagen und wir alle reingeguckt haben, ist mir vor Schreck **GANZ KALT**
geworden.

➡ **DAS WAREN JA DIESES JAHR GAR
KEINE LANGWEILIGEN, ÖDEN SACHEN.**

➡ **DAS WAR JA ALLES GANZ TOLL!!**

➡ **WIE SOLLTEN WIR DENN
DA GEWINNEN???**

Wer alles beim TALENTWETTBEWERB auftreten wird. Und womit:

1. BAUCHREDNER OLE

Max, die coole Handpuppe, redet mit euch und singt Songs von One Direction, ohne dass Ole den Mund aufmacht!

⇨ MIT POPEL-OLE*

*Ole popelt gar nicht mehr. Er hat aber immer noch 1000 Allergien.

2. *DSCHASTIN*

Der beste und süßeste Spürhund der Welt zeigt sein atemberaubendes Können!

⇨ MIT PENNY, FLORA, MARIE, IDA UND DSCHASTIN

3. RUDI DIE RATTE RECHNET FÜR EUCH!

Die beste und tollste Tierdressur der Welt

⇨ MIT LEON

4. EXTREM-GUMMITWIST

Zweihundert verschiedene Sprünge in zwei Minuten zu ROCKMUSIK von den Twister-Sisters

⇨ MIT KATI UND FRANKA

5. ELSIES UNGLAUBLICHE AKROBATIK

Elsie fliegt durch die Luft und macht dabei Kopfstand und Spagat ⇨ MIT ELSIE

6. DIE KITTYCATS

Hotteste Girlband in ganz Deutschland!

⇨ MIT IVI, LEONIE, JETTE

7. MAGIC MIRKO

Zersägt seine Schwester Lotte live auf der Bühne und lässt anschließend alle Lehrer verschwinden!

⇨ MIT MIRKO

8. PANFLÖTEN-MELODIEN FÜR DIE SEELE

⇨ MIT FRAU KREUZWALD-KLAPPENBERG

9. EIN MANN UND SEIN ZAUBERZYLINDER

Herr Robinski zaubert euch die unglaublichsten Dinge herbei! ⇨ MIT HERRN ROBINSKI

Da ist mir das Programmheft aus der Hand gerutscht.

Es gab noch mindestens zehn andere tolle Tänzer, Musiker und Akrobaten. Sogar die Blutbach-Tochter stand im Programm!

★CHANTAL BLUTBACH★
Beste Rapperin of the Humbertstraße

Und sogar die Lehrer wollten mitmachen!! **Mann, ey!**

Am liebsten wäre ich nach Hause gegangen. Aber dann hat Dschastin meine Hand geleckt und Ida hat gesagt, dass Dschastin **10 000 × süßer** als eine Ratte ist, und Marie hat gesagt, dass man Schwestern in öffentlichen Schulen gar nicht zersägen darf, und Flora hat gesagt, dass die **Kittycats** garantiert nur wie Katzen jaulen können. → **Hihi.**

UND DESHALB WERDEN WIR GEWINNEN UND INS FERNSEHEN KOMMEN!!!

2. DIE SHOW BEGINNT!

Aber dann passiert ganz viel Schreckliches!

Das **FERNSEHTEAM** hatte schon angefangen, alles aufzubauen. Da war ein Mann mit Vollbart, der hat immer **»ÄKTSCHN! ÄKTSCHN, LEUTE!«** gerufen, und dann war da noch ein Mann mit Nickelbrille der für ~~den Staubpuschel~~ das Mikro verantwortlich war, und noch eine Frau mit Zopf, die versucht hat, die Bühne ins Bild zu kriegen.

Das war aber nicht so einfach, weil sich dauernd jemand vor die Kamera gestellt und davor rumgehampelt hat.

»Ich grüße meinen Hamster, meine Eltern, meine Tante Ilse, meinen Opa Otto in Kaiserslautern und alle, die mich kennen!«

»Huhu, ich bin's, die Jette! Küsschen!«

»MANN, MACHT DOCH MAL PLATZ, WIR WOLLEN AUCH INS FERNSEHEN!«

Der Kameramann mit dem Vollbart war aber ganz nett und hat nicht gemeckert. Er war total **COOL** und hat gesagt, dass wir alle seine Assistenten sein dürfen.

Dabei hatte er schon eine Assistentin, die war noch ganz jung und hatte **kurze** rote Haare und ein gestreiftes T-Shirt an. Die stand hinter mir und hat gesagt: »Lässt du mich mal durch? Ich bin vom Fernsehen!«

Und dann hat sie irgendwas mit den Kabeln gemacht und so einen Klappstuhl aufgestellt.

Da war ich fast ein bisschen neidisch, aber Detektivin ist ja auch ein cooler Job!

Flora hat mit ihrem **HaNDY** ein Foto von all den Fernsehleuten gemacht und auch eins von uns, damit wir uns später an den Tag zurückerinnern können, an dem unsere **KARRiERE*** beim Fernsehen begann.

{ ***KARRiERE** ist so was, wenn man berühmt wird mit irgendwas oder wenn man einen ganz, ganz tollen Job hat (also Detektivin oder Kameramann oder so). }

Und dann sind wir alle mit **DSCHASTiN** noch mal Gassi gegangen, damit er nicht auf die Bühne pinkelt, und beim Rausgehen sind wir noch am **KUCHENTiSCH** vorbeigekommen, den die Eltern aufgebaut haben.

Was es auf dem Kuchentisch alles gab

WINDBEUTEL
mit Schlagsahne

Muffins
mit Zuckerstreuseln!

Total leckere Törtchen mit ERDBEEREN

Schoko-Kekse mit Nougat

STREUSELKUCHEN
(mit Streuseln!)

DAS WIRD NACHHER DIE TOTALE
TORTENSCHLACHT!!!

Ida wollte unheimlich gern mal ein Muffin kosten, aber
so eine Mutter mit Sauerkrauthaaren hat ganz streng
gesagt:

FINGER WEG, FROLLEIN!
⇨ HIER WIRD NICHT GENASCHT!

Wie gemein! Hat die nicht gehört, wie Idas Magen
geknurrt hat? Ida hätte ja sogar vor Hunger umfallen
können oder so. Und außerdem hat Omas Freundin
Wilma sich gerade auch einfach zwei von den sechs
Krapfen genommen, die da lagen. Zu der hat die Sauerkrautmutter aber nicht gesagt: »Finger weg, Frollein!«

ALLERGIKER-KEKSE
OHNE ALLES (für 2le)

BIO-KAROTTEN-
KUCHEN
ohne Zucker...

♥ Schokoladentorte ♥

Quarkkuchen
mit
Zitronencreme

Krapfen
mit marmelade
drin!

IN DEM MOMENT HAB ICH GESEHEN, WIE
DIE SAUERKRAUTMUTTER SICH HEIMLICH
SELBER EINEN WINDBEUTEL REINGESTOPFT
HAT. SO WAS HINTERLISTIGES!!!

Als wir dann wieder hereinkamen, hat **Herr ÖRTEL**
noch mal am Mikrofon rumgefummelt.

UND DIESMAL HAT DAS MIKRO
SO EIN GANZ LAUTES
PUPSGERÄUSCH
VON SICH GEGEBEN.

Und Omas Freundin Wilma hat gerufen:

»Jedes Böhnchen gibt ein Tönchen!«

und Oma hat: »Pst, Wilma!« gesagt und
dann ging das Licht im Saal aus und die
Scheinwerfer an.

DIE TALENT *Show*

FING AN!

Als Erstes stand ja Ole auf
dem Programm. **ABER OLE
KAM NICHT AUF DIE BÜHNE.**
Es kam überhaupt niemand.
**DAS WAR IRGENDWIE
EIN BISSCHEN DOOF.**

SCHLIESSLICH WAR DOCH DAS FERNSEHEN DA!

Um zu **helfen**, hab ich leise: »Ole, komm raus« gerufen.

Kohle vorm Haus!

→ hat mein Diktiergerät wiederholt.
Und alle haben sich nach mir **umgedreht**. → Peinlich ∴

Und dann kamen auf einmal statt Ole die Twister-Sisters
auf die Bühne.

Vielleicht war Ole ja in letzter Sekunde gegen seine HANDPUPPE allergisch geworden?

Aaargh!
Allergisch
gegen
PUPPEN!

Aargh!
Allergisch
gegen
HÄNDE!

Die Twister-Sisters haben gesagt, dass sie ihren
pinken Glücks-Gummitwist irgendwie nicht finden
konnten und erst einen neuen
besorgen mussten und dass
sie jetzt aber loslegen.

Sie haben den Gummi zwischen zwei
Stühlen aufgespannt und haben wie
verrückt angefangen zu hopsen.
Es sah **TOLL** aus und mir ist
ganz schwummerig
geworden, weil die
so gut waren.
Oma hat ganz laut zu
ihrer Freundin Wilma
gesagt, dass das hier
noch besser ist als
»DSCHUNGELCAMP«
im Fernsehen.

✸ Die Leute vom Fernsehen haben ganz beeindruckt genickt ✸
und die Frau mit dem Zopf hat den Daumen hochgehalten. Mist.

Dann ging noch Musik dazu los, das war aber keine
Rockmusik, sondern so ein komischer Männerchor.

In München steht ein Hofbräuhaus. eins, zwei, g'suffa!

Die Twister-Sisters haben ganz verdattert geguckt und haben sich verhüpft und im Gummi verheddert.

UND DANN HAT ES PLÖTZLICH SO

ZZZZZZAAPP!!!!!

gemacht und der Gummi ist geplatzt und in hohem Bogen durch den Saal geflogen. Auf der Mutter mit den Sauerkrauthaaren ist er gelandet. Die hat ganz furchtbar gekreischt, als ob ihr eine Fledermaus an den Kopf geflogen ist oder so.

Die Twister-Sisters waren jetzt total sauer und haben behauptet, dass garantiert jemand den Gummi angeschnippelt hat.

Weil niemand einen neuen Gummi hatte, waren wir ja wohl jetzt mit **DSCHASTiN** dran. Wir waren alle vier *total* aufgeregt und Dschastin hat vor Vorfreude wie wild an seiner Leine gezerrt, aber als wir auf die Bühne wollten, stand da schon jemand.

LEON! ➪ MANN, EY!! DER WAR MIT SEINER DOOFEN RATTE NOCH GAR NICHT DRAN!!!

Wir waren doch dran!!

Frau Kreuzwald-Klappenberg stand hinter der Bühne und hat uns **zugeflüstert**, dass Leon jetzt dran ist, aber das hat gar nicht gestimmt! Ida hat geflüstert, dass das **VOLL GEMEIN** ist, wie der sich vordrängelt, aber

Marie meinte, dass das gar nicht so schlecht ist, weil dann Dschastin nach der ollen, hässlichen Ratte umso süßer wirkt. → Marie ist echt clever!

Leon hat jetzt ganz **GEHEIMNISVOLL** und angeberisch getan und auf den Käfig neben sich gezeigt, da hing so eine Decke drüber, damit man nicht sehen konnte, was er da drin hat.

 **DABEI WUSSTEN ES DOCH EH ALLE, ES STAND JA IM PROGRAMM! EINE EKLIGE, FETTE RATTE WAR DA DRIN. ÖRKS!**

»Läidies änd Tschentelmänn – hier kommt Rudi, die rechnende Ratte!« Und dann hat Leon mit Schwung die Decke weggezogen.

ABER IN DEM KÄFIG WAR GAR KEINE RATTE DRIN!!! UND DIE KÄFIGTÜR STAND OFFEN! →

Die Leute im Saal haben losgekreischt.

»DIE RATTE IST WEG!«

Mein **DIKTIERGERÄT** hat gleich mitgekreischt:

KRAWATTE MIT SPECK!!

Es war das blanke Chaos, aber wir DETEKTIVINNEN haben uns nur fröhlich angegrinst. Das hat Leon eben davon, wenn er sich vordrängelt!

WER ZU FRÜH KOMMT, DEN BESTRAFT DAS LEBEN!

Leon hat ganz verwirrt geguckt und immer wieder »Rudi? Rudi? RUDI??« gerufen, aber die Leute haben so einen ⇒LÄRM⇐ gemacht und die Frauen sind auf ihre Sitze geklettert und haben gequiekt, und Leon hat gerufen, dass sie ALLE DIE KLAPPE HALTEN sollen, weil der arme Rudi ihn sonst nicht hört und Angst hat und welcher IDIOT eigentlich die Käfigtür aufgemacht hat, aber niemand hat auf ihn geachtet.

»Iiiiihh! MICH HAT WAS AM BEIN BERÜHRT!«

»DA HINTEN IST SIE!«

»EKLIG!!«

SELBER EKLIG!

Die Assistentin vom Fernsehen mit dem gestreiften
T-Shirt hat ganz laut gerufen:

VERANSTALTUNG ABBRECHEN,
ALLE SOFORT
DEN SAAL RÄUMEN!

Ich habe schon einen übelsten
Schreck gekriegt, weil wir unseren
AUFTRITT mit DSCHASTIN
doch noch gar nicht hatten!!!

Aber da hat Herr Örtel zum Glück ganz
laut: »RUHE IM KARTON! ICH
FINDE DIE RATTE SCHON!«
gerufen, und dann waren endlich wir mit
Dschastin dran!

Alle Leute haben

Aaaaahhhh! Süüüüüüüß!!

gerufen, als Dschastin mit Flora auf
die Bühne kam und er ihr PFÖTCHEN gegeben hat.

Und der Kameramann hat die Kamera jetzt genau auf den **supersüßen DSCHASTIN** gerichtet und wieder beeindruckt genickt!

★ WIR HATTEN DAS DING PRAKTISCH SCHON GEWONNEN! ★

Ida hat inzwischen das Schinkenbrot versteckt und ich hab ganz laut gerufen: »Dschastin, such! Such das leckere Schinkenbrot!«

Aber Dschastin hat sich nicht von der Stelle gerührt. Er hat nur die Ohren gespitzt, als ob er irgendwas hört, und so nervös gewinselt. ⇨ ER HATTE BESTIMMT LAMPENFIEBER! Und dann hat er auf einmal angefangen, **GANZ LAUT** zu bellen.

VOLL NERViG!! MANN, DAS WAR ECHT ZUM VERRÜCKTWERDEN!

Jetzt hat Marie »**SUCH!**« gerufen und Ida hat
»**Schinki, Schinki!**« gerufen, aber es ist nichts
passiert, außer dass Dschastin weiter wie irre gebellt
und mein **DIKTIERGERÄT** **STINKI, STINKI!**
geplärrt hat.

DABEI HATTE ICH ES VORHIN EXTRA AUSGESCHALTET!

Ein paar Leute haben gekichert und plötzlich ist etwas
ganz Schreckliches passiert.

**AUS DEM NICHTS kam eine
RIESIGE SCHWARZE
Katze quer über die
BÜHNE GERAST**
und Dschastin hat
alles um sich herum
vergessen und ist
ihr bellend
hinterhergesaust!

DIE KATZE iST →WIE DER BLITZ

zwischen den Beinen der Leute **durchgezischt** und Dschastin ist ihr voll begeistert hinterhergestürmt.

DA BLIEB UNS NICHTS ANDERES ÜBRIG, ALS AUCH HINTERHERZURENNEN.

Dabei sind leider ein paar Stühle umgeflogen und irgendwie habe ich mich im Schal von jemandem verhakt, aber anhalten konnte ich jetzt echt nicht.

Kurz vorm Ausgang hat die KATZE plötzlich einen Haken geschlagen

und ist wieder zurückgerannt, wir sind wieder hinterher und blöderweise übereinandergestolpert und hingefallen, und die Katze ist

hoch auf den Schrank gesprungen und dann war sie auf einmal weg. Dschastin ist aber trotzdem einfach nicht wiedergekommen, sosehr wir ihn auch gerufen haben.

UND DANN HABE ICH ETWAS FURCHT- BARES ENTDECKT:

DER KAMERAMANN HAT SEINE KAMERA AUSGESCHALTET UND DIE AUGEN VERDREHT. DER HAT UNS GAR NICHT MEHR GEFILMT!!!

Oh Mann...

41

WIE SOLLTEN WIR DENN JETZT INS FERNSEHEN KOMMEN???

Flora hat angefangen zu weinen, und ihr Papa wollte sie trösten und hat gerufen, dass er ihr eine neue Talentshow kauft.

★Floras Familie ist nämlich unheimlich reich★

aber Flora hat gesagt, das zählt nicht, und dann hat **Herr ÖRTEL** Dschastin eingefangen und gemeint, dass Flora lieber mal kurz mit ihm rausgehen soll, weil ja hier immer noch diese **KATZE** und irgendwo auch die **RATTE RUDI** rumrennt und Herr Örtel kein Schlachtfeld in seiner Aula haben will.

Und das war das demütigende **Ende** *(unseres* supertollen **AUFTRITTS,** *für den wir wochenlang geübt haben!*

ruff
ruff ruff
ruff
ruff

SO EINE KACKE!

Irgendwann kam Flora mit Dschastin ganz traurig wieder rein. Dschastin hat auch supertraurig geguckt. Das war echt **DER SCHRECKLICHSTE TAG IN UNSEREM LEBEN,** und dann hab ich auch noch das hämische Grinsen von Jette und Ivi und Leonie aus der Parallelklasse gesehen und hab meine **TRÄNEN** runtergeschluckt, damit die nicht wieder **»HEULSUSE, HEULSUSE!«** singen.

AUSSERDEM KAM MIR JETZT EIN GANZ FURCHTBARER VERDACHT:

⇨ Warum haben die Parallelklassen-Zicken sich eigentlich so gefreut und abgeklatscht und gekichert?

⇨ Haben die etwa was mit dem ganzen Chaos zu tun?

Herr ÖRTEL hat jetzt wieder an dem Mikro rumgefummelt, weil das so gequietscht hat.

Als ob einem ein Ferkel im Ohr sitzt →

Und es wurde immer noch quietschiger und **schriller,** und da ist Herr Robinski nach vorn gegangen und hat zu Herrn Örtel gesagt: **»Kollege, lass mich mal ran.«**

HERR ÖRTEL hat ganz eingeschnappt geguckt und *beleidigt* seine **neue halblange** SCHÜTTELFRISUR geschüttelt, weil **ER** doch eigentlich der **REPARIER-KÖNIG** ~~der Schule~~ der Welt ist.

HERR ROBINSKI hat das aber gar nicht gemerkt, sondern das Mikro repariert und die CD mit der Musik für **Ole und seine Handpuppe Max** in den CD-Spieler gelegt.

DANN KAM BAUCHREDNER OLE DRAN.

MANN, DAS WAR SO TOLL – Ole hatte den Mund **total** ZU und die Handpuppe Max hat geredet wie ein Wasserfall.

Jetzt hat der Kameramann auch wieder begeistert gefilmt. Schluck.

»Und jetzt sing ich noch was von One Direction für euch, Leute.«

Dann hat Ole die Musik angemacht, aber da kam keine Musik von One Direction, sondern da kam:

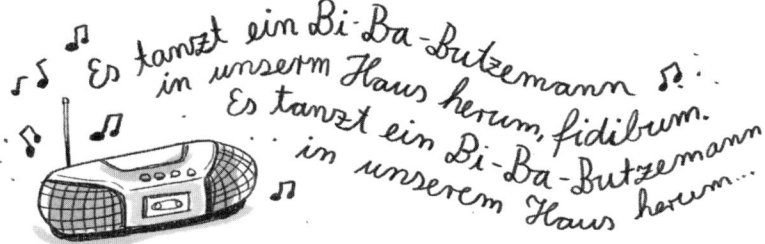

♪♫ Es tanzt ein Bi-Ba-Butzemann in unserm Haus herum, fidibum. Es tanzt ein Bi-Ba-Butzemann in unserem Haus herum...

Ole hat versucht, die **blöde** Musik auszuschalten, und dabei ist ihm die **HANDPUPPE** runtergeknallt und der Kopf von der Puppe ist abgefallen und über die Bühne gerollt.

Ein kleines Kind hat gleich angefangen zu heulen.

MAMI!!
ER HAT DIE PUPPE GEKÖPFT!

Da kam aus dem Publikum ein lautes Gackern und Wiehern.

HAHAHAHA
Butzemann und Puppi,
was für'n BABY!!!

Das waren Jette, Ivi und Leonie und noch ein paar
andere aus der Parallelklasse.

WAR. JA. KLAR.

Marie, Ida, Flora und ich haben uns angeguckt.

Wisst ihr, was ich glaube?

Ja. Unsere Auftritte werden hier...

...SABOTIERT!*

Und zwar von der —
Parallelklasse.

*Sabotieren bedeutet, dass jemand Hinterhältiges (= Parallelklasse) heimlich irgendwas macht, damit bei den Auftritten unserer Klasse alles schiefgeht und wir dastehen wie DOOF und nicht ins Fernsehen kommen!!!

SO WAS FIESES, EY! Aber das lassen wir uns nicht gefallen. ➡Wir werden das beweisen! **WOZU SIND WIR SCHLIESSLICH EINE DETEKTIVBANDE?**

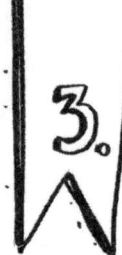

DIE PAUSE
BRINGT EINIGES ANS LICHT!

↳ Aber irgendwie nicht das, was wir gedacht haben...

Zum Glück war jetzt Pause, da konnten wir einen Plan machen.

UND SO SAH ER AUS:

1. Herausfinden, wem aus der Parallelklasse die Katze gehört.

2. Herausfinden, wer von denen aus der Parallelklasse Rudi Ratte freigelassen hat.

3. Herausfinden, wer aus der Parallelklasse Oles Musik vertauscht hat und auch die Musik von den Twister-Sisters und wer den pinken Gummi geklaut hat und den anderen Gummi angeschnippelt hat.

4. Den gemeinen, fiesen hinterlistigen Saboteur aus der Parallelklasse unserer Klassenlehrerin melden und dann bestrafen.

Rache ist süß!

SO WEIT, SO CLEVER.

Allerdings hatten wir keine Ahnung, **WIE.** wir das rausfinden sollten. Außerdem kam man im Vorraum der Aula überhaupt nicht durch, weil am **KUCHENTISCH ein wilder Kampf** entbrannt war.

Mann, die ganzen **Erdbeertörtchen** waren schon weg, die **Muffins** auch und auch der **Schokokuchen.** So eine verfressene Bande!

Oles _Allergikerkekse_ lagen aber noch genauso hart und einsam da wie vorhin.

Ich wollte mir gerade **ZUR STÄRKUNG** wenigstens einen von den vier übrigen Krapfen nehmen und noch was für Ida besorgen, weil sie mit vollem Bauch besser denken kann, als mich jemand zur Seite geschubst hat.

> Es war schon wieder die Mutter mit den Sauerkrauthaaren.
> **LANGSAM FING DIE ECHT AN ZU NERVEN.**
> Garantiert eine Parallelklassenmutter!!!!

Aber als sie gerade ihre Hand nach einem Krapfen ausgestreckt hat, hat der sich bewegt!!! Er hat sich höher und höher geschoben, wie durch ★**Zauberei**★, und auf einmal hat er sich in einen **HUT** verwandelt.

DER BEI RATTE RUDI
AUF DEM KOPF SASS!!!

Die Sauerkrautmutter ist zurückgezuckt und hat wie wahnsinnig angefangen zu kreischen.

»DA IST DIE RATTE! IIIIIIHHH!«

Und dann hat sie gekeucht:

»UNTER DEM KRAPFEN!
ICH HAB ES GENAU GESEHEN!«

Sie hat auf den Krapfen gezeigt, aber da war jetzt keine
Ratte Rudi mehr drunter.

Ein paar andere Mütter haben sich diskret mit der Hand
vor den Augen herumgewedelt, und dann hat sich der
Krapfen plötzlich wieder so langsam hochgeschoben,
das habe aber nur ich gesehen. Und die Sauerkrautmutter. Sie hat noch mal nach Luft geschnappt und dann
ist sie einfach umgefallen.

Eine andere **Mutter** hat laut gerufen:

»Bitte mal eine Trage hier!«

BITTE DAS KLEINE NAGETIER!

Da hat die Sauerkrautmutter wieder angefangen, schrill zu kreischen.

Zum Glück kam Herr Örtel mit einer Trage und dann haben sie die Frau **weggebracht.** Der Kameramann mit dem Bart hat leise zu der FERNSEHFRAU mit dem Zopf gesagt:

SAG MAL, SIND WIR HIER IN DER SCHULE ODER IM IRRENHAUS?!

Ist doch egal. Ist eh fast dasselbe.

Die Assistentin im gestreiften T-SHIRT stand daneben und hat leise gekichert.

⇨ICH HABE ES GENAU GEHÖRT!!!

Weil sich jetzt alle Leute beim Kuchentisch **gedrängelt** haben, konnten wir **DETEKTIVINNEN** hinter die Bühne, um dort ein bisschen nachzuforschen. Da haben wir Frau Kreuzwald-Klappenberg getroffen.

 SIE IST AUF DEM BODEN HERUMGEKROCHEN UND SAH AUS, ALS OB SIE IRGENDWAS SUCHT.

»SUCHEN SIE DIE RATTE?«,

hat Marie freundlich gefragt.

»Die ist angeblich vorn am Kuchenstand.«

»Ach du meine Güte«, hat Frau Kreuzwald-
Klappenberg gehaucht.

★Sie redet immer ganz leise.★

»Hoffentlich lebt sie noch. Ich liebe
Tiere doch so sehr. Euer Hund ist
auch süß. Fast so süß wie
meine…«

Dann hat sie sich erschrocken
die Hand vor den Mund gehalten und so an
sich rumgezupft. Sie hatte überall Haare
auf dem Pulli.

Und dann wurde sie ganz **ROSA** im Gesicht, weil
Herr Robinski sie gerufen hat. »Lilli, kommst du mal?«

Da hat sie »Komme!« gehaucht und ist davongeflattert.

★ Frau Kreuzwald-Klappenberg hat immer so wallende Flattergewänder an ★

WIR STANDEN DA UND HABEN IHR HINTERHERGEGUCKT.

Ich wollte gerade sagen, dass Frau Kreuzwald-Klappenberg heute irgendwie ein bisschen **SELTSAM** drauf war, als Marie sich gebückt und die Haare vom Fußboden aufgehoben hat.

← **Hier! Was sagt euch das?**

»Die hat Haarausfall?«

Aber Marie hat gesagt, wir sollen mal **GENAU** hingucken, und da hat Flora plötzlich gemeint: »Die Haare sind **SCHWARZ** UND **KURZ**. Und die Haare von Frau Kreuzwald-Klappenberg sind lang und blond.« ▭▭▷ **GENAU** ◁▭▭

Mann, das hätte ich eigentlich auch merken können.
Und dann haben wir alle die Haare angestarrt und dann haben wir es kapiert.

Das sind ja Katzenhaare!

 ALSO, DAS WAR JETZT ABER ECHT MERKWÜRDIG.

 WAS HAT DENN FRAU KREUZWALD-KLAPPENBERG MIT DER KATZE ZU TUN?

 HAT SIE DER PARALLELKLASSE ETWA GEHOLFEN?

Das hat jetzt nicht mal mehr Marie kapiert, und deshalb mussten wir gucken, ob wir noch weitere **Spuren** finden.

LOS, LEUTE – SUCHT BEWEISE!

Statt einer Spur haben wir jetzt erst mal Leon gefunden. Der saß traurig vor dem leeren **RATTENKÄFIG**, als ob er von nun an selber da drin wohnen und dauernd rechnen muss.

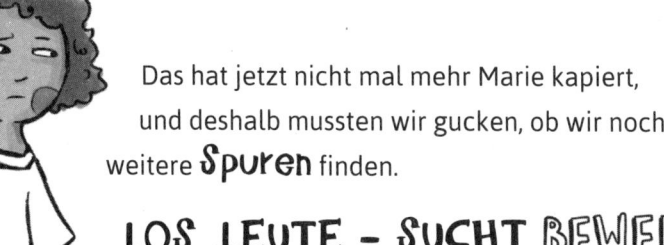

Ida meinte, sie könne ihm eine neue Ratte besorgen. Sie haben welche im Keller und deshalb setzt ihre Mama da keinen Fuß mehr rein. Super Idee, dann hätte Leon eine neue Ratte oder auch zehn und Idas Mama könnte wieder in den Keller gehen. Praktisch!

Aber Leon wollte nur seine Rudi-Ratte zurück.

GESUCHT

Und dann hat er auf die **Käfigtür** gezeigt und gesagt:
»Ich glaub, ich hab die selber nicht richtig zugemacht.«

Und dann hat Leon gesagt, er versteht aber trotzdem
nicht, warum der Rudi **abgehauen** ist. Sonst bleibt er
immer in seinem Käfig, weil er so wahnsinnig klug ist.

Na ja, wer's glaubt. Aber Leon tat mir jetzt schon
ein bisschen leid, und deshalb habe ich gesagt, dass ich
den **TATORT** mal näher **INSPIZIEREN**✲ werde.

✲ Inspizieren heißt, wenn man sich etwas ganz, ganz, ganz
genau anguckt. So wie Mama die Haare von meinem Bruder,
als sie mal nach Läusen gesucht hat. Sie hat auch zwei
erwischt, die wollten gerade abhauen.

Deshalb habe ich meine Lupe rausgeholt – und hab
tatsächlich etwas auf dem Fußboden vor dem Käfig
entdeckt.

HIER SIND Krümel!

»RATTENGIFT«, hat Ida beeindruckt geflüstert.

»Nee«, hat Marie gemeint. »Das sind Kuchenkrümel.«
Und dann hat die mutige Marie ihre Nase ganz dicht an
~~das Rattengift~~ die Kuchenkrümel gehalten und daran
gerochen. Ida hat die Luft angehalten ⇨ **damit sie
das Rattengift nicht einatmet?** Und Flora
hat schnell Dschastin weggezerrt, damit der nicht die
Giftkrümel auffrisst, aber Marie meinte nur cool:
»Das sind Krapfenkrümel. Jemand hat die hingestreut,
um die Ratte rauszulocken.«

KRAPFENKRÜMEL?

Aber die Einzige, die Krapfen gegessen hat, war doch …

OMAS FREUNDIN WILMA!

WILMA

HÄ? Wilma hilft der
Parallelklasse ?!
Dschastin ist jetzt zum Mülleimer in der Ecke gerannt, weil
jemand das Schinkenbrot von
vorhin da reingeschmissen hatte.

Na toll, jetzt brauchte er das auch nicht mehr zu finden!

Doch da hat Flora ganz aufgeregt gerufen:

IM MÜLLEIMER *liegt noch was!*

DSCHASTIN ist eben doch der beste Spürhund der Welt! Wir haben alle in den Mülleimer hineingeguckt. Und da **glitzerte** was Silbernes. Unter dem Schinkenbrot und Knüllpapier und einer leeren Dose und ein paar vergammelten alten Tulpen lagen ... **ZWEI CDS!**
Eine war die CD von One Direction, die andere war eine mit **Rockmusik.**

JEMAND HATTE SIE GEGEN DIE BUTZEMANN-CD UND DIE KOMISCHE MÄNNERCHORMUSIK AUSGETAUSCHT UND DIE ECHTEN CDS WEGGESCHMISSEN!!

Und derjenige, der **Herrn ÖRTEL** zur Seite geschoben und dann die CD von Ole eingelegt hat, war doch ...

HERR ROBINSKI, UNSER NETTER ENGLISCH-REFERENDAR?!

Das waren so VERWIRRENDE Entdeckungen, dass
ich sie erst mal aufschreiben musste:

WER ALLES
VERDÄCHTIG ist

1. DIE PARALLELKLASSE. Absolut auf
Platz 1. Weil sie so fies gelacht haben und
überhaupt immer verdächtig sind.

2. OMAS FREUNDIN WILMA. Weil sie als
Einzige Krapfen gegessen hat. Aber warum hilft
sie den Blödis aus der Parallelklasse?

3. FRAU KREUZWALD-KLAPPENBERG.
Hat irgendwas mit der Katze zu tun. Aber
warum? Sie hat doch neulich erst gesagt, dass
unsere Klasse viel netter und ta-len-tier-ter
ist als die Doofis aus der Parallelklasse.
➥ Doofis hat sie nicht in echt gesagt.

4. HERR ROBINSKI. Immerhin hat er die
falsche CD von Ole eingelegt. Aber warum sollte
er der Parallelklasse helfen? Die haben ja nicht
mal bei ihm Englisch, die haben den alten Mister
Miller, der beim Reden immer so spuckt. ➥ Örks!

DAS WAR ALLES SEHR, SEHR MERKWÜRDIG.

ABER IRGENDEIN SCHUFT HAT UNSERE AUFTRITTE HIER DEFINITIV ↳ SABOTIERT!

Um uns ein bisschen aufzumuntern, habe ich vorgeschlagen, dass wir unseren **Detektivspruch** aufsagen,
wo wir uns immer so an den Händen anfassen und auch
Dschastins Pfote dazunehmen, weil er ja unser **SUPER-
SPÜRHUND** ist. Also haben wir das gemacht und gesagt:

Bei allen sieben Winden, den Schuft werden wir finden!

Und dann hat Frau Kreuzwald-Klappenberg so einen
goldenen Gong gegongt, weil die Show jetzt weiterging.

↝ Das macht sie auch immer im Unterricht, wenn wir leise sein sollen ↜

GOOOOONG

JETZT WAR NÄMLICH
DIE PARALLELKLASSE DRAN!

DER FALL WIRD IMMER MYSTERIÖSER!

Und jetzt erwischt es sogar meine Oma!

Eigentlich sollte Elsie ja jetzt turnen und sie wollte auch gerade auf die Bühne, aber Ivi, Jette und Leonie tauchten auf einmal auf und haben sie weggeschoben und haben so **VOLL BESCHEUERT** ihre Haare rumgeschleudert und immer wieder »YEAH!« und »LET'S ROCK« und »Thank you, Tschörmänny« gerufen, dabei hatten sie noch nicht mal angefangen.

MANN EY! ICH BIN DOCH DRAN!

Dann hat Jette aus Versehen das Mikro umgestoßen und das hat wieder so gebummert und Wilma hat: »Wer klopft denn da schon wieder? Lasst den doch mal rein«, gerufen und Ida, Flora, Marie und ich haben ein bisschen gekichert, weil das ja schon prima losging.

Dann hat Jette das Mikro wieder hingestellt und dem Kameramann zugewunken und gerufen:

Wir sind die Kittycats!

Und mein **Diktiergerät** hat zurückgerufen:

WIR SINGEN PIPIFAX!!

Jetzt haben noch mehr Leute im Saal gelacht.
Ivi hat ganz böse geguckt und in meine Richtung »Na warte!« mit dem Mund geformt. Und dann hat Jette in ihre GITARRE gehauen, aber es klang irgendwie

ganz schwach und leise. Ein bisschen so, wie wenn Frau Kreuzwald-Klappenberg im Kunstunterricht auf ihrer HARFE* zupft, damit wir unsere ~~Krähativi~~ ~~Kreeativi~~ ~~Kreativi~~ also unsere KUNST entfalten können.

* Eine Harfe sieht aus wie eine Kreuzung aus Bügelbrett und Gitarre und wird meistens von Engeln gespielt.
Oder von Frau Kreuzwald-Klappenberg.

Und Leonie hat auf das SCHLAGZEUG einge- droschen, aber das klang auch ganz leise, mehr so wie TOPFSCHLAGEN. Und Ivi hat angefangen zu singen, aber das hat man kaum gehört zwischen dem Harfengezupfe und dem TOPFSCHLAGEN.

Sie klang wie ein Frosch mit Halsschmerzen und nicht wie ein Rockstar...

»Das klingt ja total leise«

➪ hat jemand hinter mir gesagt.

DAS KLINGT JA BRUTAL SCHEISSE!

➪ hat mein **DIKTIERGERÄT** gebrüllt.

Mann, ich wäre am liebsten im Boden versunken!!!
Denn jetzt haben sich **ALLE** nach mir umgedreht und
unsere Klassenlehrerin Frau Weinerlein hat ganz streng
die Stirn gerunzelt. Außerdem hat Wilma noch total laut:

»WAS HAT DIE PENNY GESAGT?«

gerufen und Ivi, Jette und Leonie haben voll störrisch
weitergeschrammelt und gepiepst, dabei war das
SOOOOOO PEINLICH. Schließlich hat Herr
Örtel seine Schüttelfrisur geschüttelt und ist hinter der
Bühne herumgekrochen und dann wieder aufgetaucht.

DAS VERSTÄRKER-KABEL ist verschwunden!!!

⇨ Das Verstärker-Kabel war weg?

Jetzt ist Leonie TOTAL **wütend** geworden und hat ihre Schlagzeugstöcke in die **ECKE GEFEUERT** und gesagt:

MENNO, EY!
ICH MACH NICHT MEHR MIT!

Der **KAMERAMANN** hat wieder die Augen verdreht und zu dem Mann mit der Nickelbrille gezischt: »Ich krieg hier gleich die Krise.«

➡ **Und dann hat er die Kamera ausgemacht.**

Aber so richtig FREUEN konnte ich mich nicht darüber, denn ein ganz kleines bisschen taten mir Ivi, Jette und Leonie auch leid.

AUßERDEM war das SEHR SEHR SEHR SELTSAM, denn warum sollten die sich selber sabotieren ?!

Wir vier DETEKTIVINNEN haben uns angeguckt, aber dann haben wir alle mit den Schultern gezuckt, denn wir konnten uns das einfach nicht erklären! Besonders, nachdem die anderen aus der Parallelklasse ihre Auftritte hatten.

ES WURDE NÄMLICH IMMER SCHLIMMER !!!

WAS BEI DENEN AUS DER
PARALLELKLASSE
NOCH ALLES SCHIEFGING:

★ Magic Mirko... ★

... hat seine Säge nicht finden können. Seine Schwester lag die ganze Zeit auf einem Zauberbrett und hat auf ihre Zersägung gewartet und gesagt: »Mirko, nu mach doch mal hin!« Dann ist das Zauberbrett zerbrochen und die Schwester ist runtergefallen und hat gesagt, sie hat keinen Bock mehr.

★ Elsie... ★

... hat eine Minute lang total toll
Akrobatik gemacht, aber dann
ist ihr Gymnastikanzug RATSCH
geplatzt! Und dabei ist Elsie
miniklein und superdünn!

★ Ein Junge... ★

... wollte ein Trompetensolo
spielen, aber es kam kein
Ton raus, immer nur so

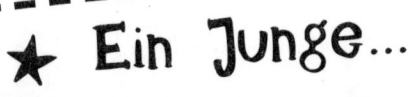

Als sie die Trompete geschüttelt
haben, fiel eine Stinkesocke heraus.

Dunkelrot mit Segelboot drauf. Also zum
Glück nicht von mir. Und von Tim auch nicht.

Außerdem sind sie irgendwie alle in der falschen
Reihenfolge auf die Bühne gekommen. Seltsam.

UND MIT EINEM MAL WURDE UNS KLAR:

JEMAND SABOTIERT AUCH DIE AUFTRITTE DER PARALLELKLASSE!

⇨ABER WER?

Die Erwachsenen? ➡ Wilma?

⬛⬛⬛▷ Herr Robinski?

▭▷ Frau Kreuzwald-Klappenberg?

⇨ABER WARUM??

Mögliche Motive der Erwachsenen:

1 WILMA: Hm. Vielleicht will Wilma alle Leute vertreiben, damit sie den Kuchentisch alleine abgrasen kann?

2 FRAU KREUZWALD-KLAPPENBERG: Hm. Vielleicht will SIE mit ihrer Panflöte gewinnen und ins Fernsehen kommen?

3 HERR ROBINSKI: Hm. Vielleicht will ER mit seinem Zauberzylinder gewinnen und ins Fernsehen kommen?

Deshalb wurde es jetzt richtig spannend, denn als Nächstes kam Frau Kreuzwald-Klappenberg auf die Bühne geflattert.

Der Kameramann hat: »Oha! Sehr hübsch!« gesagt und ganz glücklich seine **Kamera** wieder angeschaltet.

Frau Kreuzwald-Klappenberg hat gehaucht, dass sie ganz viel POSITIVE ENERGIE in der Aula spürt und dass sie uns jetzt ein bisschen was von dieser POSITI-VEN ENERGIE abgeben wird, damit wir alle glücklich sind und uns nicht von der negativen Energie der Welt stören lassen.

»WAS SAGT SIE, DIE GUTE?«

hat Wilma laut gefragt und Oma hat: »Ich glaube, die ist von den STADTWERKEN, wegen der Energierechnung«

geantwortet und der Kameramann hat leise:
»Ich halte das nicht aus« gemurmelt, und dann
hat Frau Kreuzwald-Klappenberg losgeflötet.

Tüteliitelütetütüdüdüdü

Doch in dem Moment kam etwas über die
Bühne gerast und hat sich im Flattergewand von
Frau Kreuzwald-Klappenberg verheddert.

Erst dachte
ich ja, es ist die
POSITIVE ENERGIE,
die da durch den Saal schießt,
aber es war wieder die
schwarze Katze!

»HUCH!«

Herr ÖRTEL ist sofort auf die Bühne gehechtet,
um die Katze zu fangen, dabei hat er aber aus Versehen Frau Kreuzwald-Klappenberg umgemäht und
die Panflöte ist durch die Luft geflogen und dem
Kameramann auf den Kopf geknallt.
[Die Katze war inzwischen auch schon wieder weg ...]

AUTSCH!!

HERRGOTT NOCH MAL!!!

⇨ **HM, AUCH SEHR SELTSAM.**
Warum sollte Frau Kreuzwald-Klappenberg
sich selbst **sabotieren**?
Nun, das würden wir schon noch herausfinden.

Außerdem war da immer noch...

HERR ROBINSKi

Der war als Nächstes dran und
kam mit einem schwarzen
Umhang und einem schwarzen
ZYLINDERHUT
auf die Bühne und
hat gefragt:

»Na? Wer will mein
Zauberassistent sein?«

72

Es haben sich sofort jede Menge ~~Leute~~ Frauen gemeldet - Frau Kreuzwald-Klappenberg, die Blutbach-Tochter, ein Haufen größerer Mädchen und auch die Sauerkrautmutter, die jetzt wieder Farbe im Gesicht hatte.

Marie meinte, dass einer von uns sich auch melden soll, damit wir UNDERCOVER ermitteln können und dann herausfinden, warum HERR ROBINSKi uns hier alle sabotiert.

Aber Flora hat gesagt, sie will sich nicht noch mal auf der Bühne zum VOLLIDIOTEN machen und Marie hat gesagt, sie auch nicht, und Ida hat gesagt, sie hat Angst vor ZAUBERERN, weil die einen eventuell wegzaubern können, das hat sie mal im Fernsehen gesehen.

ALSO BLIEB DA JA WOHL WIEDER MAL NUR EINE ÜBRIG

ICH, PENNY PEPPER!

Aber gerade als ich mich melden wollte, hat Herr Robinski schon gerufen: »Die Dame da hinten bitte, kommen Sie vor, kommen Sie vor.«

Ich hab mich umgedreht, um zu sehen, wer die Dame da hinten war, UND DANN IST MEIN HERZ FAST STEHEN GEBLIEBEN.

Oma hat sich TOTAL gefreut, weil sie jetzt garantiert ins Fernsehen kommt und das schon immer ihr Herzenswunsch war, und Wilma hat so getan, als ob sie sich auch freut, aber ich glaube, die war ein bisschen neidisch,

→ dabei würde sie Herrn Robinski ja sowieso nicht verstehen!!!

HERR ROBINSKI hat dann angefangen, Blumen aus Omas Ohren und kleine bunte Bällchen aus ihrer

Nase zu ziehen. Und dann hat er in Omas rechte Tasche gegriffen und ein total **süßes**, weißes **Häschen** herausgezaubert!

»Aaaah! Ohhh! SÜß!«

Dann hat er das Häschen wieder **VERSCHWINDEN** lassen und noch in Omas linke Tasche gegriffen und ihre Lesebrille herausgezogen.

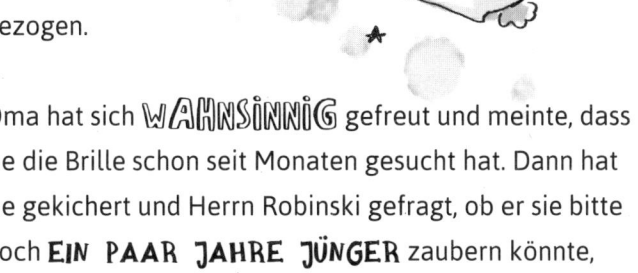

Oma hat sich **WAHNSINNIG** gefreut und meinte, dass sie die Brille schon seit Monaten gesucht hat. Dann hat sie gekichert und Herrn Robinski gefragt, ob er sie bitte noch **EIN PAAR JAHRE JÜNGER** zaubern könnte, und die Leute im Saal haben gelacht.

Der Kameramann hat gefilmt wie verrückt und dabei: »Na, endlich mal was Vernünftiges«, gesagt.

Marie hat mir zugeflüstert, dass es jetzt ja wohl **VOLL KLAR** ist, dass Herr Robinski hinter all dem steckt, aber da hat der einen weißen **ZYLINDERHUT**

hervorgeholt und zu Oma gesagt: »Na, junge Frau? Was habe ich wohl hier drin?«

Oma hat gesagt, dass er ein **Schelm** ist und dass sie keine Ahnung hat, was in dem Hut ist. Dann hat Oma ihre Hand in den Hut gesteckt und hat »OH!« gemacht. Die Leute im Saal haben alle gespannt die Luft angehalten und dann hat Oma gesagt: »ES IST WEICH UND KUSCHELIG. DAS SÜSSE HÄSCHEN!«

Herr Robinski hat geschmunzelt und gefragt: »Wollen Sie ihm ein Küsschen geben?«

Oma hat ihre Lippen gespitzt und das Häschen aus dem Hut herausgeholt um es zu **küssen**, aber das war kein **HÄSCHEN**, das war …

RATTE RUDI!!!

Oma hat gequiekt und Ratte Rudi sofort fallen lassen und
Herr Robinski hat sich verwirrt am Kopf gekratzt und
dabei aus Versehen lauter bunte BÄLLCHEN über sich
geschüttet. Dann wollte er Ratte Rudi fangen, aber ihm
sind dauernd Blumen aus dem Ärmel gefallen und Ratte
Rudi ist dem Kameramann durch die Beine geflutscht
und war sofort wieder weg.

SEHR SEHR SELTSAM.
Warum sollte HERR ROBINSKI
seinen eigenen AUFTRITT sabotieren ?!

Der ganze Saal hat jetzt getobt und gelacht und der
Kameramann hat leise zu seinen Kollegen gesagt:
»So eine talentfreie, dämliche Schule hab ich in meinem
ganzen Leben noch nicht erlebt. Gibt es denn keine
bessere in dieser Stadt?«

UND IN DEM MOMENT IST MIR UND MEINEN
DETEKTIVINNEN ALLES KLAR GEWORDEN!!!!

JEMAND SABOTIERT...
DIE AUFTRITTE VON UNSERER
GANZEN SCHULE!!!!

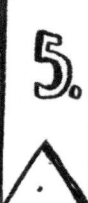

WIR KOMMEN DER SACHE LANGSAM NÄHER!

5.

Weil wir knallharte, großartige Detektivinnen sind!

Zum Glück war jetzt wieder eine Pause, denn wir mussten dringend einen Plan entwickeln, wie wir den Täter finden können.

Flora meinte, wir sollen Dschastin an den Krapfenkrümeln schnuppern lassen, weil er ja ein Spürhund ist. Und weil er uns ja dann direkt zum Täter führt.

Ida meinte, dass Dschastin die Krümel nur aufessen wird, und wenn nicht Dschastin, dann sie selber, weil sie Hunger hat. Und dass wir uns als Parallelklasse verkleiden sollen, damit wir den Täter verwirren.
→ Das hat aber niemand kapiert.

Ich hab vorgeschlagen, dass wir das verschwundene Kabel suchen. Und gucken, ob wir vielleicht auch die Säge finden oder den pinken Gummitwist.
→ Ich will ja nicht angeben, aber da war ich jetzt echt stolz drauf, auf meine Idee!!!

Marie meinte, wir sollten erst mal Augenzeugen* befragen.
→ Das war echt auch eine super Idee!

Wir haben uns dann darauf geeinigt, dass wir erst AUGENZEUGEN befragen und dann die Säge und die anderen Sachen suchen.

Ida und Flora waren erst ein bisschen stinkig, weil wir ihre Ideen nicht wollten, aber ich hab ihnen gesagt, dass wir natürlich den RUHM mit ihnen teilen, wenn wir den Fall lösen.

WIR SIND JA SCHLIESSLICH EINE DETEKTIVBANDE!!!

Wir sind also hinter die Bühne gegangen, aber da war niemand, nur immer noch der große Haufen Gerümpel in der Ecke und die kaputten Stühle von Herrn ÖRTEL und so ein umgekippter riesiger Blumentopf.

{ FRAU KREUZWALD-KLAPPENBERG WOLLTE NÄMLICH ECHTE PFLANZEN IN DER AULA HABEN, WEGEN DER POSITIVEN ENERGIE. ABER HERR ÖRTEL HAT GESAGT, DAS ECHTE GRÜNZEUG PIKT UND MACHT IHM ZU VIEL DRECK. }

Als Allererstes habe ich meine **DETEKTIVAUSRÜSTUNG** kontrolliert, damit ich auch alles habe, was ich für unsere Ermittlungen brauche.

→ WAS IN EINER ←

DETEKTIVAUSRÜSTUNG

UNBEDINGT DRIN SEIN MUSS:

NOTIZBLOCK +Stift

FÜR WICHTIGE NOTIZEN UND **PHANTOMBILDER!**

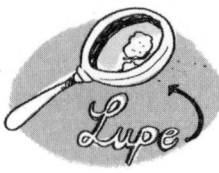

Lupe

UM ZUM BEISPIEL RATTENGIFT ODER KRÜMEL ZU FINDEN.

DIKTIERGERÄT

Damit man Beweisgeräusche und Aussagen aufnehmen kann.

→ ES MUSS ABER EINS SEIN, DAS WIRKLICH FUNKTIONIERT!

FERNGLAS

Um Dinge in der **FERNE** zu erkennen. Logisch.

FINGERABDRUCK ZEUGS

Puder, Pinsel, Klebeband

HANDY

ZUM FOTOGRAFIEREN UND ANRUFEN. UND FÜR LUSTIGE SELFIES, WENN ES BEIM OBSERVIEREN VON ÖDEN VERBRECHERN EIN BISSCHEN LANGWEILIG WIRD.

super
SPÜRHUND

Zum Spurenfinden und zur **VERTEIDIGUNG**, wie Dschastin oder andere Hunde.

(AUßER VIELLEICHT EINEM MOPS. OBWOHL MAN DEN GUT VERKLEIDEN KANN!)

VERKLEIDUNGEN

BRILLEN

 PERÜCKEN

FALSCHE BÄRTE

 HUTE

BÜSCHE

 PELZMÄNTEL

Dummerweise kam jetzt die **Blutbach**-Tochter auch hinter die Bühne, um sich auf ihren **AUFTRITT** vorzubereiten.

Sie hat uns komplett ignoriert, hat ihre Lippen blutrot angemalt und dann hat sie angefangen zu rappen:

DEINE **MUDDA** IST SO FETT

DIE HAT BLUTGRUPPE **NUTELLA**,

EY! ISCH BIN CHANTAL BLUTBACH

UND ISCH RAPPE HIER

IM KELLER...

yo
yo

ES KLANG FÜRCHTERLICH!!!

Wir haben alle gekichert und hinter uns hat auch jemand gekichert, das war die **junge Assistentin** vom Fernsehteam, die mit den **kurzen roten Haaren** und dem gestreiften T-Shirt, die kam auf einmal von irgendwoher mit einer Kiste in der Hand. Die **Blutbach**-Tochter ist total wütend geworden und hat die Fernseh-Assistentin angemeckert.

»Ey, lach nur, du Blödgurke. Nächste Woche machen wir euch beim Handball fertig.«

Aber die Fernseh-Assistentin hat nur gesagt:

Euer Team verliert doch sowieso immer.

HM? DAS WAR IRGENDWIE KOMISCH.

Als ob die sich kennen? Aber woher soll die Blutbach-Tochter jemanden vom Fernsehen kennen?

Wir hatten aber keine Zeit, darüber nachzudenken, schließlich mussten wir **Augenzeugen** befragen

➡ WILMA

⟐▶ FRAU KREUZWALD-KLAPPENBERG

➡ HERRN ROBINSKI

⟐▷ OLE

➡ ANDERE KINDER

⟐▶ EVENTUELL SOGAR DIE DUSSLIGE PARALLELKLASSE

UNAUFFÄLLIG NATÜRLICH.

Das ist nämlich gar nicht so einfach, weil gute DETEKTIVE (also zum Beispiel WIR) erkennen müssen, ob die Augenzeugen LÜGEN!

WIE DU LÜGEN ERKENNST

Die Tricks und Tipps der DETEKTIVE

ACHTE AUF KÖRPERSPRACHE!

Zupft sich jemand dauernd an den Haaren herum, wenn er dir was erzählt, was angeblich wahr ist? - **VERDÄCHTIG!!!**

↳ Es sei denn, es sind deine Haare und derjenige ist ein Friseur, der dir gleich einen voll bescheuerten Haarschnitt verpasst.

Schwitzt jemand ganz doll dabei und hat schwitzige Hände? - **VERDÄCHTIG!!!**

↳ Es sei denn, du verhörst ihn in der Sauna oder so.

Guckt jemand dir nie in die Augen, wenn er dir was erzählt, was angeblich wahr ist, sondern immer schnell woandershin? - **VERDÄCHTIG!!!**

↳ Es sei denn, du siehst aus wie ein Monster, dann ist es verständlich.

Verschränkt jemand immer die Arme vor der Brust?
VERDÄCHTIG!!! - er hat was zu verbergen
➥ Oder vielleicht auch nur einen Fleck auf
  dem T-Shirt.

Beißt sich jemand dauernd auf die Lippe, wenn er dir
was erzählt? - **VERDÄCHTIG!!!**
➥ Es sei denn, derjenige ist immer furchtbar hungrig,
  wie Ida zum Beispiel.

Hat jemand auf einmal eine quietschigere oder undeut-
lichere Stimme als sonst? - **VERDÄCHTIG!!!**
➥ Es sei denn, es handelt sich um meinen Bruder Tim.
  Der hat eine Spange und deshalb versteht ihn
  kein Mensch.

* Körpersprache heißt nicht, dass dein rechter Arm oder dein linker Fuß
anfangen, dir ihr schönstes Ferienabenteuer zu erzählen. Sondern dass
dein Körper kleine, geheimnisvolle Signale an andere Leute aussendet, je
nachdem, wie du dasitzt oder dastehst, wie du den Kopf hältst und
was du mit deinen Händen machst.

Die Blutbach-Tochter wollte dann wieder weg
auf's Klo, um ihr Gesicht neu mit Puder zu
bebröseln, und ist dabei über den riesigen
BLUMENTOPF in der Ecke gestolpert.

»Mann, das hässliche Teil!«

FANG DAS GRÄSSLICHE BEIL!

⟶ hat das **DIKTIERGERÄT** aus meiner Tasche gekrächzt.

Es klang ein bisschen dumpf,
weil es ganz unten in meiner Tasche lag, aber die
Blutbach-Tochter hat es trotzdem gehört und uns
erschrocken angeguckt und dann ist sie
weitergetrampelt.

Ida wollte gerade eine Fratze hinter ihrem Rücken
schneiden, aber da hat Dschastin sich losgerissen und ist
zu dem **UMGEKIPPTEN** Blumentopf gerannt und hat
gebellt und wollte ihn wegschieben.

EIN SUPER SPÜRHUND!

»Hinter dem Blumentopf liegt irgendwas!«
Vor lauter Aufregung hab ich Ida in den Arm gekniffen.

AAAAUUUU!!!

»GUCKT DOCH MAL — DA!«

Und dann haben es die anderen auch gesehen: Hinter dem umgekippten Blumentopf lagen …

... Magic Mirkos Säge...

...der pinke Gummitwist...

...DAS VERSTÄRKER-KABEL!

Die muss der **TÄTER** in der Ecke versteckt haben!!!
➡ ABER WER NUR?

Dschastin hat aber noch weiter gebellt und da sind wir alle auf dem Boden gekrochen, um zu gucken, was da noch war. Und dann haben wir es entdeckt:

DER ABDRUCK VON EINEM SCHUH.

Weil der Blumentopf ja umgefallen war, war da ganz viel Erde!

AHA! ICH KANN MIR SCHON DENKEN, WAS HIER PASSIERT IST:

1 Der Täter hat das Kabel, den Gummitwist und die Säge hinter dem Blumentopf versteckt.

2 Der Täter war in Eile und hat dabei den Blumentopf umgeschmissen.

3 Der Täter ist aus Versehen in die Blumenerde getreten und hat es nicht gemerkt, weil er ja so in Eile war und deshalb auch den Blumentopf nicht wieder hingestellt hat!

Der Schuhabdruck hatte so kleine +KREUZCHEN+.

DAS WAR DEFINITIV DER SCHUHABDRUCK VON UNSEREM TÄTER!

Ida meinte, dann sei doch jetzt alles klar, wir müssen nur den passenden Schuh dazu finden. Marie meinte, überhaupt nichts sei klar, denn in der Aula sind mindestens **200 LEUTE**. Und wir können ja nicht unten auf dem Boden herumkriechen und allen unter die Schuhe gucken. Und Flora meinte, dass der Fußabdruck sowieso

gleich wieder weg ist, weil hier ganz viele Leute durchtrampeln, die auf die Bühne wollen.

DOCH DA HATTE ICH EINE
meisterdetektivische SUPERIDEE !

Ich weiß nämlich nicht nur, wie man **FINGERABDRÜCKE**
nimmt, sondern auch, wie man einen Schuhabdruck
konserviert*!

* Konservieren heißt, etwas irgendwie bearbeiten, damit man
es für immer aufheben kann. Zum Beispiel saure Gurken
einkochen oder Mumien mumifizieren (aber nicht verwech-
seln!). Oder eben einen Abdruck von etwas machen.

Dazu brauchten wir nur einen
Karton und Gips und Wasser.
Gips gab es ja bei Frau Kreuzwald-Klappenberg im Kunstraum massenweise, weil wir
da erst neulich so supertolle
GIPSSKULPTUREN geformt haben.

Da bin ich mit Ida schnell losgeflitzt und hab alles
geholt, und Marie und Flora und Dschastin haben den
Schuhabdruck bewacht.

WIE MAN EINEN SCHUHABDRUCK konserviert

DU BRAUCHST:

1.  EINEN SCHUHABDRUCK

2. ERDE ODER DRECK

3. 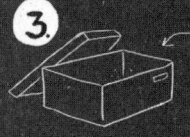 EINEN OFFENEN SCHUHKARTON

4. 2 TASSEN WASSER

5. 2 TASSEN GIPS

6.  EINE SCHERE

Als Erstes schneidest du ein großes Loch in den Boden vom Schuhkarton und stellst ihn mit dem Loch nach oben über den Abdruck.

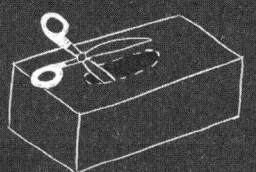

Jetzt vermischst du Gips und Wasser, bis du so einen dicken, fetten Brei bekommst.

Den gießt du jetzt durch das Loch im Karton über den Schuhabdruck. Nun musst du warten, bis der Gips richtig trocken ist, so 20 Minuten oder so.

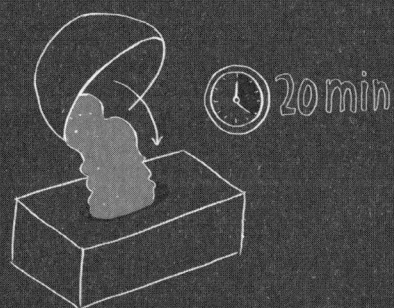

Dann nimmst du den Schuhkarton weg, hebst deinen Gips hoch und hast - tada! - einen Abdruck vom Schuh darauf.

FÜR IMMER!!!

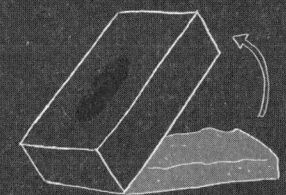

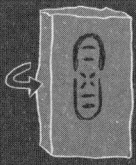

GEHEIMTIPP:

WENN DU NOCH GIPS ÜBRIG HAST, KANNST DU IHN UM DEINE HAND SCHMIEREN. DANN DENKEN ALLE, DU HAST DEINE HAND GEBROCHEN, UND SCHENKEN DIR SCHOKOLADE UND SO!

UND GENAUSO HABEN WIR ES GEMACHT!!!

Wir haben den Gips bewacht, bis er einigermaßen trocken war. Und dann haben wir unseren SUPERGUTEN Gips-Schuhabdruck bewundert. TOLL!!
Fast zu schade, um damit VERBRECHER zu fangen.

Wir haben ihn gleich versteckt, damit ihn niemand findet und kaputt macht.

Dann sind wir wieder los und haben uns unter die futternden Zuschauer gemischt.

Weil wir so lange auf das Trocknen von dem Gips gewartet haben, gab es nur noch die Allergikerkekse und den zuckerlosen Bio-Möhrenkuchen, na toll!

Und dann haben wir uns auf die Suche nach AUGEN° ZEUGEN gemacht.

LAUTER SELTSAME ENTDECKUNGEN!

↳ Aber wir blicken ~~fast~~ schon durch.

➡ **ALS ERSTES** haben wir Frau Kreuzwald-
Klappenberg abgefangen, die gerade mal an die frische
Luft flattern wollte.

FLORA HAT SIE SCHNELL GEFRAGT,
OB SIE MAL
Dschastin streicheln will.

ooohwie süß

um sie aufzuhalten!

Haha! Clever!!

Das wollte Frau Kreuzwald-Klappenberg, und dann hat sie auf einmal so traurig geschnieft und gesagt, dass das **IHRE KATZE** Mohrle war, die über die Bühne gerannt ist!!!

UND JETZT IST DIE MOHRLE WEG!

→ AHA!!! ←
DIE VERDÄCHTIGE GESTEHT SCHON, BEVOR WIR ÜBERHAUPT ANFANGEN ZU FRAGEN. DA SIEHT MAN MAL WIEDER, WAS WIR FÜR GROSSARTIGE DETEKTIVE SIND!

HIGH FIVE

Frau Kreuzwald-Klappenberg hat Dschastin gestreichelt, und dann hat sie uns erzählt, dass sie die **MOHRLE** mitgebracht hat, um sie **HERRN ROBINSKI** zu zeigen, weil der doch so nett ist!

♡ Hier wurde sie wieder ein bisschen rosa im Gesicht ♡

Und dass die **MOHRLE** auf ihrem Arm so _gezappelt_ hat und dann hinter der Bühne runtergehopst ist und dass Frau Kreuzwald-Klappenberg ganz verzweifelt versucht hat, die **MOHRLE** wieder einzufangen, aber dass die dann so

– wutsch –

fortgedüst ist. Und dass es ihr **SO** leidtut, weil die **MOHRLE** unseren Dschastin abgelenkt hat. Und dass sie **überhaupt nicht** versteht, warum auf ihrer schönen Talentshow alles schiefgeht, obwohl sie doch alles so toll organisiert und extra Seidentücher aufgehängt und Lavendelöl versprüht hat.

Da haben wir ihr verraten, dass wir den **SABOTEUR** finden

schluchz
heul

werden, weil wir Detektive sind. Sie war ganz beein-
druckt und hat gesagt, sie wird uns auch SOFORT
Bescheid geben, wenn sie was Verdächtiges entdeckt.
Und dann hat sie wieder geschnieft und ein Bild von
Mohrle gestreichelt.

Mohrle ♡

Ich hab dann Frau
Kreuzwald-Klappenberg trösten wollen
und hab gesagt: »So eine süße Katze!«

Aber mein **DIKTIERGERÄT** hat wieder dazwischen-
gefunkt und gerufen:

SO EINE FIESE
FRATZE!

GENAU IN DEM MOMENT SIND IVI, JETTE UND LEONIE UM DIE ECKE GEBOGEN. MANN, DA KANN ICH DOCH NICHTS DAFÜR.

Außerdem sahen Jette, Ivi und Leonie wirklich ein bisschen demoliert aus. Die Rockerhaare waren ganz platt und das Glitter war nur noch an ihren Nasen und sah aus wie ROTZ, hihi.

»Bei dir piept's wohl«, hat Jette ganz sauer gesagt.

Flora hat ihr erklärt, dass wir den SABOTEUR der Talentshow suchen, weil wir DETEKTIVE sind und außerdem einen Spürhund haben.

SUPER
· SPÜRHUND ·

➡ Da waren die drei kurz ganz stumm.

Und so **grünlich** vor Neid. Aber dann hat Jette nur gesagt, dass wir **BEHÄMMERT** sind und dass nämlich sie die besseren Detektive sind, weil sie zum Beispiel schon rausgefunden haben, dass jemand ein **LOCH** in Elsies Gymnastikanzug geschnitten hat.

MANN, jetzt wollen DIE AUCH NOCH DETEKTIVINNEN SEIN?!

EY! WAS SOLL DAS?!

Das ist _unser_ Job!!

Beinahe hätten wir uns noch mit denen **gekloppt**, aber da kam zum Glück **HERR ROBINSKI**.

Er hatte nämlich die **MOHRLE** gefunden. Er wollte wissen, wo Frau Kreuzwald-Klappenberg ist, weil die sich doch jetzt bestimmt freut.

♡ Er ist auch ein bisschen rosa im Gesicht geworden ♡

Und dann hat er gesagt, dass es ihm **FURCHTBAR** leidtut, dass er meine Oma mit der Ratte so ᴇʀꜱᴄʜʀᴇᴄᴋᴛ hat. Er macht das mit dem ★Zaubern★ nämlich noch nicht so lange.

Und dann haben wir Ole entdeckt. Er saß **total** traurig mit seiner Handpuppe neben seiner Mutter.

> **DA TAT MIR OLE VOLL LEID, WEIL ER NÄMLICH EIN SUPER BAUCHREDNER WAR UND EIGENTLICH HÄTTE GEWINNEN MÜSSEN.**
> Irgendwie fast noch mehr als wir …

Also bin ich zu ihm hin und hab gesagt:

»Ole, du warst toll!«

Da hat er sich gefreut. Und seine Mama hat mich gefragt: »Weißt du, wer die Socke in die Trompete gesteckt hat? Das war nämlich die Socke von Ole-Schatz, die hat er gestern beim Sport in der Schule

verloren, das hat er mir erzählt. Zum Glück hat er ja
ganz viele davon, die sind nämlich aus geruchsbekämp-
fender ALLERGIKER-WOLLE.«

OLE IST JETZT IM GESICHT FAST
SO DUNKELROT WIE SEINE SOCKE
GEWORDEN. ➡ DER ARME!

Als Nächstes haben wir AUGENZEUGIN Wilma
~~verhört~~ befragt. Wilma war ja immer noch die
VERDÄCHTIGSTE von allen und Marie hat sie
gleich ganz listig gefragt:

HABEN DIE KRAPFEN GESCHMECKT?

DU HAST DEINEN
RANZEN VERDRECKT?!

Mann, ey, Wilma könnte glatt als Diktiergerät arbeiten!

Wilma hat uns dann SOFORT erzählt, dass sie gar
nicht beide Krapfen gegessen hat, sondern nur einen,

wegen ihrer FIGUR, weil sie doch im Sommer
wieder ihren schicken Bikini anziehen will!

Marie hat deshalb die messerscharfe
Frage gestellt: »Und wer hat dann den
zweiten Krapfen gegessen?«

»Den zweiten Krapfen hab ich doch denen
vom Fernsehen geschenkt!«

DENEN VOM FERNSEHEN?

Wir haben dann beschlossen, dass uns nichts anderes
übrig bleibt, als die Leute vom Fernsehen zu verhören,
um herauszufinden, wer von denen einen Krapfen
gegessen hat.

Ida meinte, dass wir uns dafür am besten verkleiden.

ABER ALS WAS?

Wir haben dann so getan, als ob wir von der **SCHÜLER-ZEITUNG** sind. Ich habe meinen **NOTIZBLOCK** und mein **DIKTIERGERÄT** mitgenommen und wir sind zu den Leuten vom Fernsehen und ich habe gesagt: »Hallo, wir kommen von der Schülerzeitung, dürfen wir Ihnen mal ein paar Fragen stellen?«

Der Kameramann mit dem Bart hat ganz freundlich gelächelt und gesagt: »Nur zu!«

MUND ZU!

hat mein **DIKTIERGERÄT** da gequäkt.

Der Kameramann ist erschrocken zusammengezuckt. Und dann hat er zu seinem Kollegen geflüstert:

»Was ist das denn nur für eine seltsame Schule hier?«

ICH HABE ES GENAU GEHÖRT !!!

Marie hat einfach weitergefragt: »Was genau haben Sie heute von unserem leckeren Kuchentisch gegessen?«

»WINDBEUTEL«, hat der Mann mit dem Bart geantwortet.

STINKTEUFEL!

MANN, DIESES DIKTIERGERÄT!
Ich hab es schnell ausgeschaltet und ganz, ganz tief unten in meiner Tasche vergraben!

Der Fernsehmann mit der Nickelbrille hat überlegt und dann gesagt, dass er den **leckeren Schokokuchen** gegessen hat.

Und die Fernsehfrau mit dem Zopf hat gesagt, dass sie gar nichts gegessen hat, weil sie nämlich **DIÄT** macht.

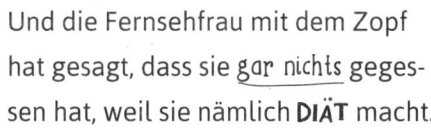

AHA.

Höchst interessant!

WAS WIR ALLES AN
NÜTZLICHEN INFORMATIONEN
ERFAHREN HABEN

- Frau Kreuzwald-Klappenberg hat die Katze mitgebracht und damit unsere Vorstellung vermasselt. Aus Versehen und aus Liebe zu Herrn Robinski.

- Herr Robinski hat seine eigene Vorstellung vermasselt, weil er noch nicht so lange zaubert. Meine arme Omi!!!

- Jemand hat Oles Socke in die Trompete gestopft. Armer Ole.

- Jemand hat ein Loch in Elsies Gymnastikanzug geschnitten. Arme Elsie.

- Wilma hat nur einen Krapfen gegessen und den anderen dem Fernsehteam geschenkt.

- Vom Fernsehteam hat aber keiner den zweiten Krapfen gegessen.

➡ Keiner der Befragten hat sich an den Haaren gezupft, geschwitzt, gepiepst, die Arme verschränkt, sich auf die Lippe gebissen oder uns nicht in die Augen geguckt. Also haben alle die Wahrheit gesagt!!!

WAS WIR ALLES AN
NUTZLOSEN INFORMATIONEN
ERFAHREN HABEN

💩 Ivi, Jette und Leonie finden uns behämmert.
⇒ DANKE GLEICHFALLS!

💩 Frau Kreuzwald-Klappenberg ist in Herrn Robinski verliebt.
⇒ AUGENROLL.

💩 Herr Robinski ist irgendwie auch in Frau Kreuzwald-Klappenberg verliebt.
⇒ NOCH MAL AUGENROLL.

💩 Ole hat ganz viele dunkelrote Socken mit Segelbooten drauf.
⇒ DAS WOLLTEN WIR ABER GAR NICHT WISSEN!!!

💩 Wilma macht Diät.
⇒ NÜTZT ABER NICHTS.

💩 Die Frau mit Zopf vom Fernsehteam macht auch Diät.
⇒ KLAPPT BESSER ALS BEI WILMA.

Die Schuhsohlen von den **200 LEUTEN** konnten wir
leider noch nicht angucken.

➡️ In dem Moment lief die Assistentin vom Fernsehen
mit den kurzen roten Haaren durch den Gang.

Marie hat sich an die Stirn gehauen und gesagt:
»Die haben wir doch noch gar nicht befragt!«

NA, EBEN!

Dabei hat **DSCHASTIN** ihr noch **GANZ LAUT** hinterhergebellt.

Dafür kam aber Ole um die Ecke und hat gesagt:

»WAS WOLLT IHR DENN VON MEINER COUSINE?«

WAS?
»Deine Cousine ist beim Fernsehen? Toll!«

Ole hat uns nur ganz **komisch** angeguckt und wollte gerade etwas sagen, aber da kam seine Mama und hat ihn fortgezogen.

»Ole-Schatz, wir holen jetzt deine Socke zurück. Hoffentlich bist du nicht auf Trompeten allergisch.«

➡ Der arme Ole.

WAS WIRKLICH SELTSAM IST:

➡ **WIESO** hat Ole so verwirrt geguckt?

➡ **WIESO** spielt die Blutbach-Tochter gegen Oles Cousine vom Fernsehen Handball?

Marie hat ganz doll nachgedacht und gemurmelt:

»Da ist was faul.«

7. WIR FINDEN EINE NEUE SPUR!

Und sie hat was mit Essen zu tun.
↘ Ida freut sich wie verrückt!

Gleich sollte die Show weitergehen, mit dem Auftritt der **Blutbach**-Tochter. Da wir ihre atemberaubende Vorstellung ~~hihi!~~ schon gehört hatten, sind wir aufs

Mädchenklo gegangen, um zu beratschlagen, was wir als Nächstes tun sollten.

➡️ Flora hat gesagt: »Wir müssen Leons Ratte finden. Ratten sind zwar eklig, aber Leon ist süß und tut mir leid!«

⇨ Ida hat gesagt: »Wir müssen unbedingt den zweiten Krapfen finden. Vielleicht kann man ihn ja noch essen.«

⫸ Ich hab gesagt: »Wir müssen herausfinden, wer die CDs vertauscht, Ratte Rudi rausgelockt, das Kabel und die Säge und den Gummitwist versteckt, die Socke in die Trompete gestopft und ein Loch in Elsies Anzug geschnitten hat!«

➡️ Marie hat gesagt: »Wir müssen diese Fernseh-Kusine von Ole noch befragen.«

⫸ DSCHASTIN HAT GEBELLT.

Plötzlich kam Frau Kreuzwald-Klappenberg herein-
geflattert und hat gehaucht: »Ach, hier seid ihr, gut!«
Erst haben wir ja gedacht, sie meckert, weil Dschastin auf
dem Mädchenklo ist und er ja eigentlich **ein Junge** ist,

aber Frau Kreuzwald-Klappenberg meckert ja zum Glück nie. Außerdem hat sie ~~gesagt~~ gehaucht: »Mir ist nämlich noch etwas Wichtiges eingefallen. Das hatte ich ganz vergessen!«

→ Frau Kreuzwald-Klappenberg vergisst ja jeden Tag irgendetwas, deshalb haben wir gar nicht so richtig hingehört.

Doch dann hat sie plötzlich gesagt:

»DA WAR NÄMLICH DIESER MYSTERIÖSE ANRUF GESTERN.«

Mysteriös?

Wir haben sofort alles fallen gelassen. Frau Kreuzwald-Klappenberg hat dann berichtet, dass eine **Lehrerin** sie gestern angerufen und ihr auf die Mailbox gesprochen hat, aber dass sie die Stimme nicht erkannt hat.

Und **DIE STIMME** hat ihr gesagt, dass sie die Reihenfolge von allen Auftritten ändern soll, dass nämlich die Letzten zuerst drankommen. Und dass die CDs dafür alle auf dem kleinen Tisch hinter der Bühne liegen.

DAS WAR JA EINE UNGLAUBLICHE NEUIGKEIT!!!

Frau Kreuzwald-Klappenberg hat gesagt ⟿ nicht gehaucht, dass sie gar nicht versteht, warum eine andere Lehrerin ihr **so eine SAUBLÖDE** Nachricht hinterlässt.

SIE HAT TATSÄCHLICH »SAUBLÖD« GESAGT!

Dabei schafft so ein Wort doch ganz, ganz viel negative Energie.

Aber ich glaube, Frau Kreuzwald-Klappenberg war so **SAUER**, dass ihr die **negative Energie** egal war.

EINE NACHRICHT HINTERLASSEN??

Haben Sie die Nachricht noch auf dem Handy?

→ MARIE IST DERMASSEN CLEVER!

Ja, das hatte sie, und dann haben wir ATEMLOS
der Nachricht gelauscht:

HÖLLO, FRAU
KROIZWOLD-KLOPPENBÖRG,
HIER IST IHRÖ
ÄH...KOLLÖGIN VON DER...ÄH...
SCHULÖ. HÜSTEL. BÜTTE BEI DER
TALÖNTSHOW MORGEN DIE
REIHÖNFOLGÖ DÖR AUFTRITTE
ÖNDERN. DÜ LÖTZTEN ZUÖRST, VERSTÖNDEN?
UND DIE CDS NEHMÖN, DIE AUF DEM TÖSCH LIEGEN,
VERSTÖNDEN?

Wir vier DETEKTIVINNEN haben uns nur
angeguckt, denn eins war sofort klar:

DA HATTE JEMAND SEINE STIMME
VERSTELLT! ABER SO WAS VON!

ABER WER?

114

Die Nummer konnte man nicht sehen, aber dann hat
Marie gesagt: »Psst, hört doch mal genau hin!«

DA HABEN WIR DIE BLÖDE VERSTELLER-
NACHRICHT NOCH MAL GEHÖRT. UND
MARIE HATTE RECHT! IM HINTERGRUND
WAR FRAUENGELÄCHTER ZU HÖREN.

Da war auch so Rascheln und Klappern und dann hat eine
Stimme gesagt:

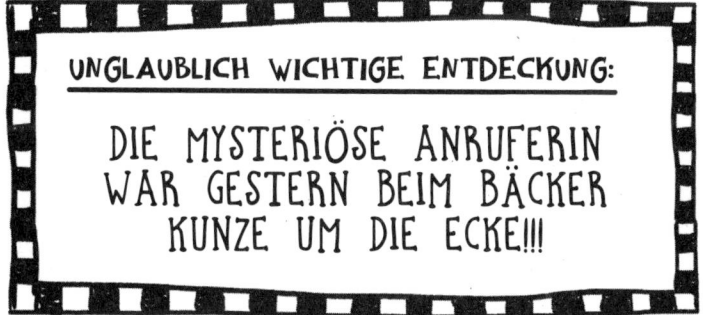

Bitte noch ein Mischbrot, Frau Kunze.
Eins mit Sonnenblumenkernen.

UNGLAUBLICH WICHTIGE ENTDECKUNG:

DIE MYSTERIÖSE ANRUFERIN
WAR GESTERN BEIM BÄCKER
KUNZE UM DIE ECKE!!!

Flora meinte, dass diese Person dann auch
die Krapfen gekauft hat. Denn die anderen Kuchen vom
Kuchentisch waren alle selbst gebacken.

➡ NA, GENAU!

Wer welchen Kuchen mitgebracht hat:

 Total leckere Törtchen mit Erdbeeren
★**FLORA**

 Schoko-Kekse mit Nougat
★**MEINE OMI**

 Windbeutel mit Schlagsahne
★**SAUERKRAUTHAAR-MUTTER**

 Streuselkuchen mit Streuseln
★**LEONS MAMA**

 Allergikerkekse ohne alles
★**OLES MAMA**

 Bio-Karottenkuchen ohne Zucker
★**FRAU KREUZWALD-KLAPPENBERG**

 Muffins mit Zuckerstreuseln
★**JETTES MAMA**

 Schokoladentorte
★**MARIES MAMA**

 Quarkkuchen mit Zitronencreme
★**IVIS MAMA**

 Krapfen mit Marmelade drin
★**????????**

Plan:

➡️ Herausfinden, wer der mysteriöse Anrufer ist!

➡️ Herausfinden, ob der mysteriöse Anrufer auch der mysteriöse Krapfenräuber ist!

➡️ Herausfinden, warum der mysteriöse Krapfen-Anrufer die Auftritte unserer Schule sabotiert!!

Flora meinte, dass das ja alles ganz pipi-einfach wäre: Wir gehen zum **Bäcker Kunze** und fragen, wer da gestern Krapfen gekauft hat.

PIPI-EINFACH, HAHA!

- - - - - - - - - - - - - - - - - - - -

Flora war offenbar noch nie beim **Bäcker Kunze**. Es gibt da nämlich ein riesiges Problem:

DIE BÄCKERSFRAU KUNZE HASST KINDER!*

✱ Angeblich haben zur **Weihnachtszeit** mal ein
paar Kinder in ihrem Laden so ein Lied gesungen und
alle Kunden vergrault. Seitdem kann sie Kinder nicht
ausstehen.

In der Weihnachtsbäckerei
gibt's so manche Leckerei
zwischen Mehl und Zimt
liegt ein totes Kind...
..hahaha....

Die wird uns nie im Leben verraten, wer da eingekauft
hat, weil sie nämlich gar nicht mit uns reden wird.
Sie wird uns wie ~~negative Energie~~ Luft behandeln.

▣▣▶MIST.

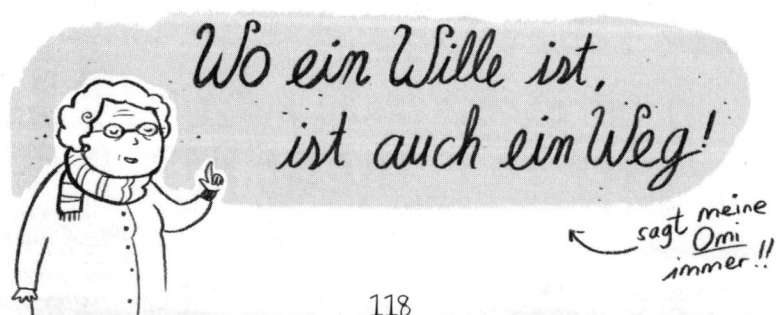

*Wo ein Wille ist,
ist auch ein Weg!*

↰ sagt meine Omi
immer !!

118

UND IDA HATTE AUCH GLEICH
EINE IDEE.
WIR VERKLEIDEN UNS!!

Haha, toll, Ida. Und als was, bitte schön?
Als Ratte oder Katze?
Beim Bäcker? Hallo?

Aber da ist Ida ganz bockig geworden und hat
gesagt, dass sie nämlich **sehr wohl** eine
prima tolle Idee hat:

»Wir verkleiden uns als Fernsehteam!
Dann redet die Kunze mit uns,
denn die will doch bestimmt ins Fernsehen.
Alle wollen ins Fernsehen!«

DAS WAR WIRKLICH
GENIAL!

DIE FRAGE WAR JETZT NUR
⇨ WIE SOLLTEN WIR DAS HINKRIEGEN?

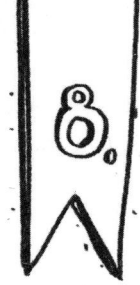

WIR KOMMEN DEM
TÄTER NÄHER.

↘ Und näher. Und näher. Mit Kuchen.

Als Erstes haben wir festgestellt, dass wir irgendwie
erwachsener aussehen mussten. Also nicht so klein zum
Beispiel.

ABER ACHTUNG! → *So wären
wir ZU alt!*

Deswegen brauchten wir VERKLEiDUNGEN und
Schminke und so was, was uns erwachsener macht.
Und dann brauchten wir natürlich eine Kamera. Hm.
Das war gar nicht so einfach. Also haben wir beschlos-
sen, dass jeder von uns DETEKTiViNNEN → außer Dschastin
versucht, schnell irgendwas zu finden, damit wir wie ein
cooles erwachsenes Fernsehteam aussehen.
Ich hab überlegt, was ich besorgen könnte.

Mit so STÖCKELSCHUHEN sieht man ja
GRÖßer aus, auch wenn man sich
mit den Dingern das Genick bricht.

sagt Mama immer!

Mir ist dann eingefallen, dass Wilma ja heute Stöckelschuhe anhat. Und dass Oma mir mal gesagt hat, dass die
Wilma ihre Schuhe immer heimlich auszieht, sobald sie
irgendwo sitzt. ›Wegen ihrer Hühneraugen am Fuß‹
Und jetzt saß die Wilma ja irgendwo, weil der

Talentwettbewerb

Gluck Gluck

weiterging und die Blutbach-Tochter
gerade auf der Bühne ~~gekreischt~~
gesungen hat.

Kikiriki

Ich habe mich also in die Reihe **VOR WILMA** geschlichen

➡ UND BIN DANN UNTEN AUF DEM FUßBODEN HERUMGEKROCHEN, ALS OB ICH WAS VERLOREN HÄTTE.

Und da standen sie !! 👠 Die Stöckelschuhe von Wilma!

OHNE FÜßE DRIN

Wilma hat gedöst und Oma war gar nicht da. Die hat wahrscheinlich gerade irgendwo einen Eierlikör auf den **Ratten-Schreck** getrunken.

Und so hab ich blitzschnell Wilmas **Stöckelschuhe** geschnappt. Die waren so rot und weiß mit DOOFEN SCHLEIFCHEN drauf und besonders gut gerochen haben sie auch nicht → aber das war jetzt egal.

Und dann bin ich schnell zu den anderen zurückgehuscht. **Flora und Ida hatten auch tolle Verkleidungssachen gefunden.**

BRILLEN

FALSCHE BÄRTE

WAS WIR ALLES GEFUNDEN HABEN

- ♡ Wilmas Stöckelschuhe
- ♡ ganz viel Schminke von hinter der Bühne
- ♡ Brillen und Schnurrbärte aus meiner Detektivausrüstung
- ♡ die Lederjacke, die uns Jette geborgt hat
  → also nicht direkt geborgt, aber die braucht sie ja im Moment nicht
- ♡ eine graue Perücke → war eigentlich ein Wischmopp, aber das merkt ja niemand
- ♡ einen Besen und so einen Staubpuschel
  → das nehmen wir als Mikro
- ♡ den blauen Kittel von Herrn Örtel, der lag hinter der Bühne
  → riecht ganz doll nach *Eau de Magic Man* von Bruno Banani
- ♡ Und das Beste: die leere Kameratasche, die uns die Fernsehleute geborgt haben
  → also nicht direkt geborgt. Siehe oben.

Nur Marie war noch nicht da, doch dann kam sie endlich.

UND WAS MARIE GEFUNDEN HATTE, WAR:

↳LEON !

→ LEON?? WAS sollen wir denn mit Leon ???

Aber Marie meinte, dass der Leon ja schon ziemlich GROẞ ist und dass er zum Beispiel mit Brille und falschem Bart und dem Kittel von Herrn ÖRTEL fast wie ein Erwachsener aussehen könnte.

→ Besonders, wenn er nichts sagt, sondern nur so brummt. Und dass wir dann GLAUBWÜRDIGER sind. Und Leon wollte außerdem unbedingt mitmachen, damit er endlich seine Ratte rächen kann.

ICH WILL RACHE FÜR MEINEN RUDI!

Na gut. Dann haben wir uns schnell VERKLEIDET und sahen auf einmal total wie ein echtes erwachsenes Fernsehteam aus.

Leon hatte den Kittel von Herrn Ortel an und eine Brille auf und einen falschen Bart. Beinahe hätte ich ihn mit »Sie« angeredet!!

SO ECHT ERWACHSEN SAH DER AUS!!!

Flora hatte Wilmas Stöckelschuhe an und ganz rot geschminkte Lippen. Sie sah mindestens aus wie 18.

MINDESTENS!!

Und ich hatte den Wischmopp als Perücke auf. Ich sah mindestens aus wie 50!! URALT ALSO!

Marie hatte einen Hut auf und so einen ganz schicken Rock und den Staubpuschel als Mikro.

Ida hatte die coole Lederjacke an und eine Sonnenbrille auf.

Auf der Kameratasche stand ja

>> GtV = Fernsehen vom Feinsten

und deshalb sind überall auf der Straße die LEUTE neugierig stehen geblieben und haben uns hinterhergeguckt.

»Die drehen bestimmt einen Film«, hat ein Mann mit Einkaufstüten zu seiner Frau gesagt. »Komm Elvira, wir gehen mal gucken. Dann kommen wir auch ins Fernsehen!«

Und so sind immer mehr Leute hinter uns hergelaufen, die alle ins Fernsehen wollten.

ES WAR FAST WIE EIN KARNEVALSUMZUG.

Dann sind wir bei der Bäckerei Kunze angekommen und die alte ~~Meckerfrau~~ Bäckerfrau Kunze hat ganz neugierig durch die Scheibe geguckt. Jemand hat gerufen: »Frau Kunze, das Fernsehen kommt zu Ihnen!«

UND DA GESCHAH ETWAS UNGLAUBLICHES: DIE BÄCKERSFRAU KUNZE HAT GELÄCHELT!!

Und dann hat sie gesagt:

»OH, DAS FERNSEHEN, WELCHE EHRE!«

Sie hat nicht mal gemeckert, dass Dschastin mit in den Laden gekommen ist. Dabei hat sie doch überall solche Schilder!

Die Leute haben alle geklatscht, dabei war doch noch gar nichts passiert.

UND AUF EINMAL WAR DIE FRAU KUNZE AUCH GANZ NETT ZU DEN KINDERN, DIE DA HERUMSTANDEN

»Na, wer von euch kleinen Schlingelchen möchte denn ein Apfelstrudelchen?«

hat Ida laut gerufen

Aber ich hab sie schnell in den Rücken geknufft. Mann, wir waren doch jetzt Erwachsene!

UND WEIL WIR **ERWACHSENE** WAREN, MUSSTEN WIR <u>SO</u> EKLIGEN bitteren **Kaffee** trinken, den uns die Frau Kunze gegeben hat.

→ **ÖRKS!**

Aber doch nicht so viel Mühe!

hat Marie schnell gesagt ↗

ALTE! DOCH NICHT DIESE BRÜHE!

Mist, das hatte ich ganz vergessen.
Flora ist vor Schreck fast mit den Stöckelschuhen umge-
knickt und die Kunze hat kurz so misstrauisch geblinzelt.
Aber dann hat sie gleich wieder **FALSCH** gelächelt.

Jetzt standen aber diese ganzen Leute um uns rum und
haben darauf gewartet, dass wir anfangen zu filmen,
aber wir hatten doch gar keine **Kamera** dabei.
SO EIN MIST! Es wusste auch keiner von uns, was wir
jetzt sagen sollten. Nur Leon hat immer so »Öhö! Öhö!«
gehustet und dazu gebrummt.

→ Als ob er Raucherhusten hat. Voll clever!

Zum Glück ist mir was eingefallen. Ich hab Frau Kunze gesagt, dass wir in ihrer Bäckerei einen Film drehen wollten. Aber nicht jetzt. Sondern bald. Weiter kam ich nicht, weil alle Leute »OOOOOOOH!« gemacht haben und Frau Kunze ganz aufgeregt wissen wollte, wie der FILM heißt.

ANGRIFF DER KILLER KRÄPFEN

hat Ida gesagt.

SUPER IDEE, IDA!

UND ALLE LEUTE HABEN WIEDER
SO »OOOOOOH!« GEMACHT.

Da hab ich schnell gesagt, dass wir deshalb wissen
müssen, wie viele Krapfen sie so in ihrem Laden verkauft.

➡ ZUM BEISPIEL SPEZIELL GESTERN.

Frau Kunze hast ein bisschen verwirrt geguckt, aber
Marie hat ihr das Staubpuschel-Mikro vor die Nase
gehalten.

Frau Kunze hat vor Aufregung zum
Glück nichts gemerkt.

Und Leon hat gebrummt und ich hab
die **Kameratasche** geschlenkert, und da hat Frau Kunze
gemeint, dass gestern nicht so viele Leute Krapfen
gekauft haben, nur ein einziges Mädchen. Und ob das
schlimm ist und ob wir trotzdem bitte, bitte den Film bei
ihr drehen können?

EIN MÄDCHEN?

»Wie sah die aus?«, hat Flora schnell gefragt. Frau Kunze wollte wissen, warum, und da hat Marie schnell gesagt, wenn das Mädchen hübsch wäre, könnte sie ja in dem **KILLERKRAPFEN-FILM** mitspielen.

»Nee, die war nicht besonders hübsch«, hat die Kunze gesagt. »Also, nicht so schön wie ich, meine ich. **Hahaha.** Die hatte so kurze rote Haare. Und so ein gestreiftes T-Shirt an. **Ungebügelt**.«

KURZE ROTE HAARE?

WIR HABEN UNS ALLE ANGEGUCKT

→ und Leon hat vor Aufregung ein Stück von seinem falschen Bart abgebissen!

Jetzt hat Frau Kunze sich noch furchtbar über das unbekannte Mädchen aufgeregt.

»Die hat nicht mal Guten Tag gesagt. So was von unhöflich. Sondern hat die ganze Zeit in ihr Dingsbums, in ihr Handy, geredet. Und hat lauter so komisches Zeug geplappert, das konnte man gar nicht verstehen. Irgendwas mit einer Tölentshow hat sie gesagt. Was soll denn das sein?«

Frau Kunze hat verärgert ihren Kopf geschüttelt und Marie hat vor Schreck beinahe den Staubpuschel fallen gelassen.

JETZT WAR UNS ALLES KLAR!!!

Hier hatten wir gerade den BEWEIS gehört.

DER fiese SABOTEUR

WAR:

Oles Cousine!

[die vom Fernsehen]

HÄ?? ABER WARUM UM ALLES IN DER WELT WOLLEN DIE VOM FERNSEHEN UNSERE TALENTSHOW SABOTIEREN?!

DER TÄTER
WIRD GESCHNAPPT!

↳ Und es passiert noch etwas Großartiges!!
Es fängt mit **F** an!

Da sind wir wieder zurück in die **SCHULE** gerannt und haben im Schulhof unsere **VERKLEIDUNGEN** schnell ausgezogen.

Außer Flora, die hat die doofen Stöckelschuhe nicht abgekriegt.

Gerade rechtzeitig, denn als wir reinkamen, ist der **Fernsehmann** mit der Nickelbrille herumgeirrt und hat seine Kameratasche gesucht. Wir haben schnell so getan, als ob wir sie auf dem Schulhof gefunden haben.

»Die lag draußen auf dem Schulhof.«

AHA.

Der Mann hat ein bisschen misstrauisch geguckt und dann gemurmelt: »Gut. Dann können wir ja endlich zusammenpacken und hier verschwinden.«

ZUSAMMENPACKEN?

VERSCHWINDEN?

MANN, UNSERE TALENTSHOW WAR DOCH NOCH GAR NICHT ZU ENDE!

Und dann hat der **Kameramann** mit dem Bart zu der Frau mit dem Zopf gesagt, dass er gerade einen Anruf bekommen hat und dass sie übermorgen in eine bessere Schule gehen, und zwar in die **Schillerschule**, weil es da nämlich ECHTE Talente gibt und nicht so einen **SCHROTT** wie hier.

SCHROTT?! WIR SIND DOCH KEIN SCHROTT!!

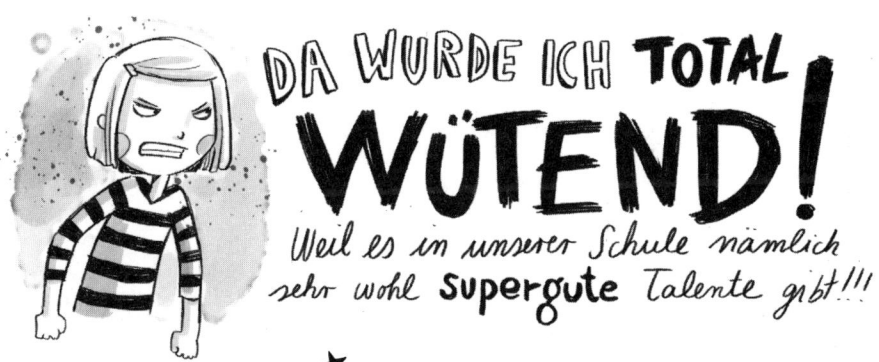

DA WURDE ICH **TOTAL** WÜTEND!

Weil es in unserer Schule nämlich sehr wohl **supergute** Talente gibt!!!

ZUM BEISPIEL BAUCHREDNER UND ZAUBERER UND RECHNENDE RATTEN UND GIRLBANDS UND GROSSARTIGE SPÜRHUNDE UND SO WAS.

Und deshalb hab ich ganz, ganz laut gerufen:

»NEIN!«

HEREIN!

hat mein **DIKTIERGERÄT** geplärrt
und Wilma hat sich gefreut
und gesagt:

»Schön, dass sie den endlich reinlassen!«

Und alle Leute haben sich erstaunt
nach mir umgedreht.

**UND OLES COUSINE HAT SO
GEGRINST ▥▷ SO FIES!**

Der Kameramann mit dem Bart hat erstaunt
die Stirn gerunzelt und »Wie bitte?« gesagt.

Marie hat ganz cool verlangt: »Wir wollen erst Ihre
Assistentin sprechen, bevor Sie gehen.«

»WELCHE ASSISTENTIN?«,
hat der Mann verwirrt gefragt.

NA, DIE DA!!

DAS MÄDCHEN KENNEN WIR GAR NICHT!
DIE GEHÖRT NICHT ZU UNS.

Das ist doch Denise Matzke aus der Schillerschule!! Nächste Woche machen wir euch beim Handball fertig!

IHR LUSCHEN!

AHA! OLES COUSINE IST GAR NICHT BEIM FERNSEHEN. DIE GEHT NOCH ZUR SCHULE! IN DIE SCHILLERSCHULE.

IN DIE SCHILLERSCHULE!!!???

Wo das Fernsehen übermorgen hingeht, um bessere Talente zu finden?

Jetzt haben die Leute alle so gemurmelt und gefragt, was denn da los ist, und deshalb habe ich noch mal all meinen Mut zusammengenommen und gesagt:

»Diese Denise hat unseren Talentwettbewerb sabotiert! Deshalb ist alles schiefgegangen. Und das können wir beweisen.«

Jetzt hat der ganze Saal so »Hhhhhhhh!« gemacht.

»Hahaha!« Oles Cousine hat so getan, als ob das ganz furchtbar lustig ist. »Sehr witzig. Liege schon am Boden vor Lachen.«

Aber da sind meine Mitdetektivinnen, Flora und ich ⇦ Dschastin echt sauer geworden.

»Gar nicht hahaha«, hat Flora gesagt.

Und dann hat sie aufgezählt,
was Oles Cousine alles gemacht hat:

- die CDs vertauscht/weggeschmissen
- Ratte Rudi mit Wilmas geschenktem Krapfen rausgelockt
- das Verstärkerkabel versteckt
- die Socke in die Trompete gestopft
- die Säge versteckt
- den pinken Gummitwist geklaut und versteckt und den anderen Gummi angeschnippelt
- ein Loch in Elsies Gymnastikanzug geschnitten
- Frau Kreuzwald-Klappenberg mit verstellter Stimme vom Bäcker aus angerufen, um die Reihenfolge zu ändern und CHAOS zu schaffen
- den Kameramann angerufen, um ihn in die Schillerschule zu den besseren Talenten zu locken

Jetzt haben die Leute wieder so »**Hhhhhhhh**!« gemacht und die Parallelklasse sah **EXTREM SAUER** aus.

»SAUEREI!«
»DU BIST GEMEIN!«
»SO WAS FIESES, EY!«
»DU SPINNST WOHL!«

»Voll der Schwachsinn«,

hat diese Denise glatt behauptet.

SIE HATTE ABER JETZT SCHON GANZ ROTE FLECKEN AM HALS.

»Ich hab nichts davon gemacht. Und ich war nicht beim Bäcker und hab auch niemanden angerufen!«

»Hast du denn ein **ALIBI*** für gestern?«, hat Marie schlau gefragt.

Marie ist soooooooo clever!

✳ Ein Alibi ist der Beweis dafür, dass man etwas Kriminelles gar nicht getan haben kann, weil man zu der Zeit was anderes gemacht hat und gar nicht am Tatort war. Am besten, man hat dafür auch noch **ZEUGEN.** Zum Beispiel, wenn man mit seiner Oma »Bauer sucht Frau« geguckt hat ➡**1 Zeuge,** oder wenn man eine Mathearbeit geschrieben hat ➡**24 Zeugen.** Oder wenn man mit Papa beim Fußball war und so laut gebrüllt hat, dass man heiser ist ➡**240 Zeugen.**

»Ja, klar«, hat diese Lügen-Denise eiskalt behauptet.

»Ich war nicht beim Bäcker. Ich war bei meinem Cousin. Bei Ole.«

Oles Mama hat ihm den Arm getätschelt und wollte ganz verwirrt wissen, warum denn die Denise Oles Söckchen in die Trompete gesteckt hat, aber da hat Ole gerufen:

Ole ist fast so dunkelrot wie seine Socke geworden →

NEIN!! DU LÜGST!!! DU WARST NICHT BEI MIR!!

VERRÄTER!

»Du hast also kein Alibi«, hat Marie gesagt.

Oles Cousine hat jetzt an ihrem T-Shirt rumgezerrt und hatte noch mehr rote Flecken im Gesicht. »Trotzdem war ich nicht beim Bäcker« hat sie **ganz bockig** wiederholt.

Aber da haben wir **DETEKTIVINNEN** alle gesagt:

DOCH, WARST DU! WIR HABEN SOGAR EINEN ZEUGEN!

»Die **Bäckersfrau** hat nämlich erzählt, dass du da warst und dort telefoniert hast. **Außerdem** haben wir deine Stimme auf dem **HANDY** von Frau Kreuzwald-Klappenberg gehört!«

»Niemals war ich das«, hat Oles Cousine behauptet.

SO EINE EISKALTE LÜGNERIN!

DABEI WAR SIE MITTLERWEILE

- ➡ so dunkelrot wie Oles Socke
- ➡ und hat geschwitzt
- ➡ sich an den Haaren gezupft
- ➡ sich auf die Lippe gebissen
- ➡ die Arme vor der Brust verschränkt
- ➡ mit piepsiger Stimme geredet
- ➡ und uns nicht in die Augen geguckt!

=VERDÄCHTIG + LÜGNERIN!

Da haben wir vier **DETEKTIVINNEN** uns angeguckt und
genickt und unseren letzten Trumpf herausgeholt.

»Der Schuhabdruck vom Tatort!«

Ida wollte, dass **Lügen-Denise** uns jetzt
ihren Schuh zeigt, aber die wollte nicht.

Doch da haben die aus der **Parallelklasse** gerufen:

»SCHUH AUS, SCHUH AUS, SCHUH AUS!«

Und dann ist Jette einfach
hingegangen und hat Lügen-Denise
den Schuh ausgezogen!!!

Da war ich das erste Mal in meinem Leben
froh über die Parallelklasse!!!

UND DANN ➠ BINGO!

Der Schuh von Lügen-Denise hatte genau solche
✚**KREUZCHEN**✚ auf der Sohle wie unser Abdruck!

Jetzt hat Lügen-Denise angefangen zu heulen und hat
GESTANDEN, dass sie das alles gemacht hat,
weil sie nämlich total voll **NEIDISCH** war, als Ole ihr

erzählt hat, dass das Fernsehen in unsere Schule kommt.

➡️**ALS ERSTES** hat sie Oles Socke in der Schule gefunden und hat sie in die Trompete gestopft und dann konnte sie irgendwie nicht mehr aufhören mit ihrer fiesen SABOTAGE.

Und dann hat sie noch mehr geheult und gefragt, warum das Fernsehen denn nicht mal in ihre Schule kommt?

Und dass sie doch schon seit Monaten einen Riverdance eingeübt hat, damit sie damit bei dem Talentwettbewerb gewinnt und ins Fernsehen kommt.

➡️Und jetzt sieht den ja niemand!

Da tat sie mir eigentlich fast ein bisschen leid und ich mir selbst auch, denn jetzt kam sie ja genauso wenig ins Fernsehen wie wir.

Hm.

DOCH IN DEM MOMENT HABE ICH WAS GANZ TOLLES GESEHEN!

143

Der **Kameramann** mit dem Bart hat uns die ganze Zeit über gefilmt!!!

KLASSE!
Wir machen mit euch eine Sendung über eine echte **DETEKTIVBANDE!** Endlich mal was Vernünftiges!

YEAH!

WIR KOMMEN DOCH INS FERNSEHEN!

DA WIRD SICH OMA FREUEN!

144

OMI hat den tollen Moment nämlich leider verpasst, weil sie inzwischen mit Wilma raus in den Flur gegangen ist, wo sie Omas Lesebrille → war schon wieder weg und Wilmas Schuhe gesucht haben. Oma hat sich aber **TOTAL** gefreut, dass wir ins Fernsehen kommen, und sie wollte wissen, ob wir gewonnen haben, aber ich hab ihr gesagt, dass niemand gewonnen hat.

Umso besser! Dann gibt's keinen Neid!

Und damit hatte sie ja auch total recht. Eigentlich ist die Talentshow ja auch irgendwie voll lustig gewesen.

Jetzt hat Wilma aber plötzlich so geblinzelt und gefragt: »Sag mal, hat das Kind da nicht meine Schuhe an?« und auf Flora gezeigt, aber **ZUM GLÜCK** hat Leon in diesem Moment seinen Rudi eingefangen und alle Leute haben gejubelt und **geklatscht** und Flora konnte schnell die Schuhe unbemerkt ausziehen und in den Papierkorb schmeißen.

Als Ratte Rudi wieder sicher bei Leon war, hat **HERR ROBINSKI** Omas Lesebrille aus Omas linker Tasche und Wilmas Schuhe aus dem Papierkorb »gezaubert«. Und hat uns zugezwinkert.

AUF EINMAL KAMEN LEON UND OLE ZU UNS UND HABEN GEFRAGT, OB SIE BEI UNSERER DETEKTIVBANDE MITMACHEN DÜRFEN.

➡ Die wollen bei uns mitmachen! ☺

Hm. Also, das müssen wir uns echt erst noch **ganz genau** überlegen!

UND AUSSERDEM BRAUCHEN WIR JA SOWIESO ERST WIEDER

EINEN NEUEN FALL!!!

Penny Pepper

Auf Klassenfahrt

von Ulrike Rylance & Lisa Hänsch

1 WIR FAHREN AUF KLASSENFAHRT. YEAH!

Leider kommt auch die Parallelklasse mit. Örks.
Und noch jemand, aber das darf keiner wissen ...

Wir fahren auf **KLASSENFAHRT**, yeah! Und zwar
auf BURG SCHLOTTERSTEIN. ➡ **Doppel-Yeah!**
Da haben wir nämlich übelst Glück gehabt, denn erst
sollten wir ins **Kurbad Fürstenholda** fahren, wo
es eine Gemäldegalerie gibt mit zwei Millionen Bildern

von dicken alten Königen,
dicken alten Fasanen und
dicken alten Frauen von früher,
die Kaffeefilter um den Hals
haben.

lahm.

Das hat unsere Kunst-Referendarin Frau Kreuzwald-Klappenberg vorgeschlagen. Sie hat
gesagt: »Dann können die
Kinder endlich mal wahre
Kunst atmen.«

Außer ihr und unserer Klassenlehrerin Frau Weinerlein
wollte aber niemand wahre Kunst atmen. Es wollten alle
nur nachts **REMMIDEMMI** machen und Schlafanzüge
verknoten und auf einen Abenteuerspielplatz gehen und
Tischtennis spielen und **Blödsinn** machen,
wenn Frau Kreuzwald-Klappenberg mal
wieder meditiert*.

Ich hab auch Lust auf Remmidemmi.

* Meditieren hat nichts mit Tieren zu tun. Sondern es
bedeutet, dass man sich wie eine Brezel verknotet und
hinsetzt und die Augen zumacht und ewig lange nichts
sagt. Höchstens mal etwas brummt. Durch das Brummen
entdeckt man sich selbst, obwohl man ja eigentlich auch
einfach die Augen aufmachen und in den Spiegel gucken
könnte.

ABER DANN IST FRAU KREUZWALD-KLAPPENBERG KRANK GEWORDEN. ~~YEAH!~~ GUTE BESSERUNG!

Und deshalb kommt jetzt Herr Örtel mit, unser Hausmeister und der **LOVER** von unserer Klassenlehrerin
Frau Weinerlein.

OH NEIN, mein KNIE!

KRACK

Der hatte auch keinen Bock auf Gemäldegalerie und so fahren wir jetzt auf

BURG SCHLOTTERSTEIN!

DA GIBT ES SOGAR EINEN HUNGERTURM, SO COOL!

Alle Jungs aus unserer Klasse haben
behaupten, dass sie als **Mutprobe**
im Hungerturm übernachten
werden. → **HA HA HA!**

Wer's glaubt, wird selig!
→ HAB ICH ZU LEON GESAGT.

WER KLAUT, WIRD MEHLIG!

hat mein Diktiergerät da
gebrüllt, weil es immer alles ganz
falsch wiederholt! Mann ey!

Das muss ich **unbedingt** noch ausschalten. Aber mitnehmen werde ich es trotzdem. Man weiß ja nie, ob es nicht doch irgendwo nützlich sein kann. Es gibt nämlich drei **TOTAL** doofe Sachen bei der Klassenfahrt.

WAS BEI DER KLASSEN-FAHRT DOOF IST:

➡ **ERSTENS:** Die Parallelklasse kommt auch mit! Muss das sein? Hat man denn nicht **EINMAL** im Schuljahr Ruhe vor denen?

➡ **ZWEITENS:** Wir dürfen unsere Handys nicht mitnehmen! Wie sollen wir denn da überleben?

➡ **DRITTENS** (und am schlimmsten): Es dürfen keine Haustiere mitgenommen werden! Warum denn nicht? Haben zum Beispiel gerade Hunde nicht auch ein wenig Erholung von ihrem anstrengenden Tag auf der Couch verdient? **SO GEMEIN!**

Einen Tag bevor wir losgefahren sind, haben Ida, Marie, Flora und ich dann unsere Taschen gepackt.

ICH HABE MEINE GANZE
DETEKTIVAUSRÜSTUNG
MITGENOMMEN:

FERNGLAS

FINGERABDRUCK ZEUGS

Puder, Pinsel, Klebeband

NOTIZBLOCK + Stift

DIKTIERGERÄT

Lupe

SONNENBRILLE

ZETTEL MIT GEHEIMSCHRIFT-ALPHABET, DAS ICH SELBST ERFUNDEN HABE.

PENNYS GEHEIMSCHRIFT

A = Z
B = Y
C = X
D = W
E = V
F = U
G = T
H = S
I = R
J = Q
K = P
L = O
M = N

N = M
O = L
P = K
Q = J
R = I
S = H
T = G
U = F
V = E
W = D
X = C
Y = B
Z = A

WZH PZKRVIG MRVNZMW. SZSZSZ!

Nur für den Fall, dass auf **BURG SCHLOTTERSTEIN**
ein **VERBRECHEN** auf uns wartet. Mein Handy
durfte ich ja nicht mitnehmen.

Und meinen süßen Hund
Mailie erst recht nicht.

Aber wie sollte ich denn bitte schön
ohne Spürhund einen **Kriminalfall**
auf der Klassenfahrt lösen? (Also, falls es
einen gibt.) Daran hatte mal wieder niemand gedacht
und deshalb habe ich eiskalt einen Entschluss gefasst.

»DETEKTIVINNEN«,

habe ich zu Ida, Flora und Marie gesagt.

**»Ich habe einen genialen Plan,
wie wir unsere Spürhunde
doch dabeihaben können!«**

Am nächsten Morgen haben wir uns am **BAHNHOF**
getroffen. Die aus der _Parallelklasse_ hatten alle
so blaue T-Shirts an, die sie extra für die
Klassenfahrt gedruckt haben.

SCHLOTTERSTEIN

Wir sind dabei!

Leonie, Jette und Ivy haben total damit angegeben,
bis ein alter Mann auf dem **Bahnsteig** gefragt hat,
ob das jetzt die neue Uniform aus dem ERZIEHUNGSHEIM
SCHLOTTERSTEIN ist, denn da war er nämlich früher mal.
→ Da waren sie sauer.

Frau Weinerlein hat ein bisschen komisch geguckt, weil
Flora und ich jeweils einen Koffer und einen großen
Korb mithatten (hihi), aber dann kam Bella mit **VIER**
Koffern, die von ihrer Mutter und ihrem Vater
geschleppt wurden, und da hat sich Frau
Weinerlein auf Bella gestürzt, weil das
zu viel **Gepäck** war.

Aber Bella hat gejammert und behauptet, dass sie all die Outfits braucht, und ihre Mama hat gesagt, man weiß ja nie, wie das Wetter wird, und die Bella darf sich jaaa nicht erkälten.

Herr ÖRTEL hat geantwortet, dass es sonnig wird und dass er als Kind nur eine kurze Hose und ein T-Shirt für drei Wochen Ferienlager mitgenommen hat, und Bellas Mama hat gesagt, das glaubt sie ihm gern, so wie er aussieht, und Bellas Papa hat laut dazu gelacht und beinahe hätte es schon den ersten aufregenden Fall (SCHLÄGEREI AUF BAHNSTEIG 2!) gegeben, aber da kam zum Glück unser Zug.

BURG SCHLOTTERSTEIN
WIR KOMMEN!

Im Zug haben Ida, Marie, Flora und ich uns gleich ein Viererabteil gesucht, damit wir in Ruhe etwas Wichtiges besprechen konnten und außerdem niemand unseren Körben zu nahe kam. Hihi.

Das Wichtige waren nämlich die STREICHE, die wir den Parallelklassenzicken auf der Klassenfahrt spielen wollten. **UND ZWAR NACHTS.** ⟶ HÖHÖ!

Leider fiel uns aber nichts Gutes ein und außerdem kam dauernd jemand vorbeigehampelt, um mit uns zu quatschen.

LEON WOLLTE SICH DANN SOGAR LÄSSIG AUF MEINEN KORB SETZEN, WEIL KEIN PLATZ FÜR IHN WAR. Aber da hab ich ganz laut **NEEEEEEEEIIIIN!** geschrien!

Alle im Zug sind vor Schreck verstummt. In unseren Körben waren doch unsere **BLINDEN PASSAGIERE***!

Ich hatte *Mailie* extra ein paar Leckerlis reingelegt und die Fahrt war zum Glück auch nicht so lang, nur eine halbe Stunde. An der vorletzten Station stieg dann so eine alte **Oma** ein.

Na Kinderchen, wo solls denn hingehen?

BURG SCHLOTTERSTEIN!

Da ist die alte Frau plötzlich ganz weiß im Gesicht geworden und hat nach Luft geschnappt.

»Dann passt gut auf euch auf. Dort geht es nämlich nicht mit rechten Dingen zu!«

»Wieso denn?«, wollte Marie wissen.

MARIE WILL IMMER ALLES GANZ GENAU WISSEN. DESHALB IST SIE AUCH SO WAHNSINNIG KLUG.

Da spukt es.

↳ HAT DIE FRAU GEFLÜSTERT.

DER **GEIST** von SCHLOTTERSTEIN!

DER BEISST DAS LOTTERSCHWEIN!

↳ hat mein Diktiergerät ganz laut gebrüllt. Mann, ey. Ich hab es doch extra ausgeschaltet!

Ich wollte gerade was sagen, aber in diesem Moment erklang ein **JAULEN**!

ES KAM AUS MEINEM KORB.

Bella ist zusammengezuckt und hat gesagt, dass der **GEIST** schon hier im Zug ist, und Frau Weinerlein hat ganz misstrauisch zu meinem Korb geguckt, aber da waren wir Gott sei Dank schon da. Burg Schlotterstein sah TOTAL cool aus!

Wir mussten dann noch ewig lange zur Burg hochwandern und das war **mega-anstrengend**, weil Flora und ich ja jeder einen Korb mit einem blinden Passagier zu schleppen hatten. Aber zum Glück haben Ida und Marie uns geholfen. Frau Weinerlein hat uns dann gesagt, dass wir auf der Burg auch ein **Rittermahl** haben werden so mit Düdelidu-Musik von früher, nämlich ein **BANKETT*!** TOLL!

* Ein **BANKETT** ist ein super-riesiges Festessen, wo alle an einer langen Tafel sitzen und ganz viel in sich reinschlingen. Man darf mit den Fingern essen und sich übelst bekleckern und keiner meckert. Die Knochen darf man unter den Tisch schmeißen. Glaube ich zumindest.

Ida hat sich sofort ausgemalt, was sie da alles essen wird, weil sie von der langen Reise totalen Hunger hatte.

WAS IDA BEIM RITTERMAHL
ALLES ESSEN UND TRINKEN WIRD:

* ganz viel Braten
* ein Brot
* zwei Fleischspieße
* drei Würstchen

* siebzehn Weintrauben
* ein Fass Saft
* eventuell ein Rebhuhn.

Da müsste sie aber erst mal herausfinden, was das genau ist.

Und dann waren wir endlich da. Am Burgtor war ein
Wappen und darunter stand ein komischer Spruch:

> HIER RUHT UND MODERT DAS GEBEIN
> DES GRAFEN KARL VON SCHLOTTERSTEIN.
> DOCH HÜTET EUCH, IHR WANDERSLEUT,
> SEIN GEIST BEWACHT DAS SCHLOSS NOCH HEUT.
> KOMMT IHR DES GRAFEN RUHE STÖREN,
> WIRD NIEMAND EURE SCHREIE HÖREN.

Bella ist wieder **zusammengezuckt** und hat
gesagt, dass wir vielleicht doch lieber ins **HOTEL** unten
in der Stadt gehen sollten, weil die vor allem auch einen
Pool und Weeeeh-Laaahn haben.

Aber **Herr ÖRTEL** hat gesagt, dass wir keine Wanderer,
sondern Reisende des Nahverkehrs sind und der Spruch
deshalb auf uns nicht zutrifft. In diesem Moment ging das
Burgtor auf. Und zwar von ganz alleine.
Dahinter war keiner.
Absolut niemand!

Mami...

ES GIBT EINE MENGE SELTSAMER LEUTE AUF BURG SCHLOTTERSTEIN.

→ Und eine Menge ungeklärter Fragen.

Wir sind also durch das Burgtor in den **BURGHOF** hineingeschritten. Da stand eine alte Kanone und in der Mitte war ein Brunnen.

ABER IMMER NOCH WAR KEINER ZU SEHEN.

»Hallo?«, hat Frau Weinerlein zaghaft gerufen. »Wir sind da!« Da tauchte plötzlich ein Kopf hinter einer Steinmauer auf. (Also mit Körper dran.) Ein riesiger alter Mann mit weißen Haaren und Zottelbart. Er hat uns ganz **wütend** angeguckt. Dabei hatte er ein Schild an seinem Overall stecken, wo drauf stand:

Ich bin **IGOR**,
Ihr freundlicher Burggärtner.
Fragen Sie mich alles, was
Sie wollen. Ich freue mich
drauf! Supi! ☺

Und darunter sogar noch mal auf Englisch:

I am **IGOR**,
Your friendly castle gardener.
Ask me anything you want,
I look forward to it. YAY! ☺

Igor hat irgendwas gebrummt, das wie »Oh Gott, noch mehr Nervensägen« klang, und dann ist er wieder abgetaucht.

»Hallo? Herr Igor?«, hat Frau Weinerlein es noch mal versucht. »Würden Sie bitte noch mal kurz rausgucken? Wo müssen wir denn hin?«

Aber obwohl man den freundlichen Igor doch angeblich alles in zwei Sprachen fragen durfte, hat er nicht mehr geantwortet.

Sehr seltsam.

Stattdessen kamen aber jetzt ein Mann und eine Frau über den Burghof gelaufen und haben die Arme ausgebreitet und uns begrüßt.

HERZLICH willkommen, Liebe Kinder! FÜHLT EUCH WIE ZU HAUSE!

Das war das Ehepaar Kurz, denen gehörte die Burg.

WAHNSINN! Ich will auch eine Burg haben. Menno. Selbst Bella war ganz stumm, die hat zwar ein **RIESEN-HAUS**, fast so groß wie Floras, aber eben keine Burg. Und als dann noch das Kind von Familie Kurz auftauchte, da sind **ALLE** ganz blass vor Neid geworden. Das war nämlich ein Junge, er war genauso alt wie wir und hieß Hendrik. Der durfte auf einer Burg wohnen! Wie unfassbar glücklich der sein musste! Alle haben Hendrik mit neidisch verzerrten Gesichtern angelächelt und die Parallelklassenzicken haben sich natürlich gleich an ihn rangemacht. **Örks.**

Ui, Hendrik, dann bist du ja ein richtiger Ritter! Voll krass!

Ui, Hendrik, ich hab noch nie einen echten Ritter getroffen! Voll geil!

Ui Hendrik, hast du auch ein Pferd? Ich hab sogar zwei. Voll krass geil, nicht?

Und dazu haben sie alle drei wie Türklingeln gelacht. »Ririririririririri! Hendririririririrk!«
Hendrik hat aber nur gelangweilt geguckt und die Augen verdreht. Und dann hat er gesagt:

PFERDE SIND DOCH LAHM.

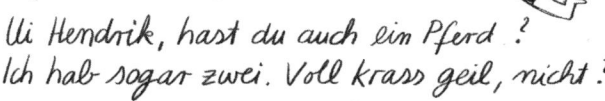

SÄRGE SIND NOCH WARM!

→ hat mein Diktiergerät da ohne Vorwarnung gebrüllt.

Der blinde Passagier Mailie in meinem Korb hat wie ein
WERWOLF gejault, weil sie bestimmt mal pinkeln
musste, und Frau Weinerlein hat wieder so misstrauisch
geguckt und Bella hat gesagt, sie will jetzt sofort ihre
Mama anrufen!

Ida hat leise gemeint, dass Hendrik ein voll eingebildeter
BURGKLOPS ist, und das fanden wir auch. Echt mal.
Aber seine Eltern waren total nett, die haben uns dann
die Burg gezeigt. Das war so aufregend!

WAS AUF BURG SCHLOTTER-STEIN ALLES TOLL WAR:

- Es gab viele lange Gänge, in denen man sich jagen und Rollerskates fahren und sich verstecken konnte.

- Man konnte von der Bug oben runter auf Feinde gucken, die sich der Burg näherten, und ihnen auf den Kopf spucken.

- Unser Zimmer hatte einen Kronleuchter und einen Balkon! So toll!

- Der Schlafsaal von den Jungs hatte eine geheime Wandtür, die zu einer winzigen Kammer führte. ALLE wollten in der winzigen Kammer schlafen und hätten sich deswegen beinahe gekloppt.

Es gab echte Gräber auf der Burg, eins davon war das von Karl von Schlotterstein! (Hier hat Bella wieder ängstlich gepiept.)

Im Hungerturm war es zappenduster und kalt und hat modrig gerochen. Leon meinte, er schläft heute Nacht ganz locker da unten im KERKER und wer mit ihm um hundert Euro wetten will, dass er das macht? Aber Herr Örtel hat nur gesagt, er soll nicht albern sein.

Es war so toll hier, dass Frau Weinerlein leise zu Herrn Örtel gesagt hat:

Hier können wir doch eigentlich unsere Hochzeit feiern, Hasi.

→ HAS**I**! HAHAHA! ÖRKS.

Herr Kurz hat uns dann noch den Nordteil der Burg gezeigt, aber nur von außen, denn der war nicht renoviert und man kann da nicht hinein. Er meinte aber, dass sie den auch bald ausbauen und einen Erlebnisturm daraus machen, weil sie nämlich Geld brauchen, denn so eine Burg kostet eine Menge. Trotzdem wollen sie die Burg **niemals** verkaufen und deshalb machen sie immer **Rittermahle** und Spaß-Urlaube für Schulklassen und Mittelalterfeste und so was, damit sie die teure Burg einigermaßen bezahlen können. **SO TOLL!**

Er wollte uns dann gerade erklären, wie die Kanone im Burghof funktioniert, da hat Bella auf einmal gequiekt:

DER GEIST!

Und tatsächlich – da huschte so was **Weißes** von der BURG in den Schlossgarten hinein!

ALLE HABEN VOR SCHRECK SO »HHHHHHHHH!« GEMACHT.

Ida hat schnell meine Hand festgehalten, aber nur ganz kurz, denn wir Detektivinnen haben niemals Angst!

Herr Kurz hat gelacht und gesagt: »Ach, das ist doch nur die Frau Schlotter. Die macht hier Führungen. Die hat immer so ein weißes Regencape an.«

FRAU SCHLOTTER WAR ALSO KEIN GEIST UND ALLE HABEN AUFGEATMET.

Dann wollte Frau Kurz uns noch den Rittersaal zeigen, aber Ida, Marie, Flora und ich mussten uns jetzt irgendwie von den anderen abseilen, damit wir unsere **blinden Passagiere** endlich mal rauslassen konnten. Wir sind also immer langsamer und langsamer und langsamer gelaufen, bis die anderen ganz weit vor uns waren. Dann sind sie um die Ecke gebogen und waren weg.

»Jetzt«, hab ich gesagt und wir haben **DSCHASTIN** und *Mailie* befreit. Die waren ganz außer Rand und Band und wollten unbedingt rumrennen, und ZACK, sind sie losgerast in Richtung Grabsteine. **MIST!**

»Hinterher«, hat Marie geistesgegenwärtig gerufen und so sind wir hinterhergestürzt. Wir konnten Dschastin gerade noch davon abhalten, gegen das GR/AB von Karl von Schlotterstein zu pinkeln!

»Mann, Dschastin«, hat Flora geschimpft. »Du weckst noch den Geist!«

D...d...der ist schon da! Kommt ihr des Grafen Ruhe stören, wird niemand euer Schreien hören!

UND DANN HAT IDA AUF ETWAS WEIßES GEZEIGT, was hinter den GRABSTEINEN hin und her gehuscht ist.

Es war voll erstaunlich, dass Ida sich den Spruch gemerkt hat. Ida kann sich sonst nie ein Gedicht merken. Niemals!

»Ach, das ist doch nur die Frau Schlotter«, hat Marie gesagt und da hat diese Frau Schlotter sich plötzlich umgedreht.

SIE SAH VOLL SAUER AUS!

Dabei hatte sie doch denselben Sticker wie Igor an ihrem Cape. Also so ähnlich jedenfalls.

Ich bin **FRAU SCHLOTTER**, Ihre freundliche Burgführerin. Fragen Sie mich alles, was Sie wollen. Ich freue mich drauf! Supi! ☺

Und darunter sogar noch mal auf Englisch:

I am **Mrs SCHLOTTER**, your friendly tour guide. Ask me anything you want, I look forward to it. YAY! ☺

»Ich bin also **NUR** die Frau Schlotter?«, hat sie gezischt und uns dabei so böse angeguckt.

»ÖHM, JA?«

»Ihr habt ja keine Ahnung, wer ich wirklich bin!«
Und damit ist sie abgerauscht.

WIR HABEN DANN ÜBERLEGT, WER FRAU SCHLOTTER WIRKLICH SEIN KÖNNTE UND WAS SIE DAMIT GEMEINT HAT.

IDA MEINTE, SIE IST EINE VERRÜCKTE, DIE IRGENDWO ABGEHAUEN IST.

Flora meinte, sie ist die heimliche Geliebte von Herrn Kurz, die bei den Gräbern schlafen muss.

Ich habe gemeint, sie ist vielleicht die Privatlehrerin von Ritter Hendrik, weil der ja bestimmt nicht in eine normale Schule geht.

MARIE MEINTE, WER IMMER FRAU SCHLOTTER IST, SIE HAT NICHTS GUTES IM SINN...

Da ist uns ein bisschen GRUSELIG-KALT geworden und wir haben schnell Dschastin und Mailie wieder in den Körben verstaut und haben die anderen gesucht. Die waren jetzt mit dem Rittersaal fertig und Herr Kurz hat gesagt, wir können in unsere Zimmer gehen und ob noch irgendjemand Fragen hat.

DA HAT JETTE SOFORT IHREN ARM GEHOBEN UND GEFRAGT:

Spukt es hier denn nun wirklich, Herr Kurz?

Alle haben aufgehört zu quatschen, weil sie wissen wollten, was Herr Kurz darauf antwortet.

»Ob es hier spukt? Also ... öhemm ... ach, ich hab euch ja noch gar nicht unsere Ritterrüstungen gezeigt!«

DAS WAR EINE MERKWÜRDIGE ANTWORT.

SEHR, SEHR MERKWÜRDIG.

Wir sind dann den **langen** Gang lang zu unserem tollen Zimmer gelaufen, vor uns waren Ivy, Jette und Leonie. Sie haben **TOTAL** laut angegeben, weil ihr Zimmer doppelt so groß war wie unseres und früher mal die **KEMENATE*** war und sie deshalb jetzt Burgfräulein spielen wollten.

> * Eine **KEMENATE** ist ein Raum mit Kamin in einer Burg. Dort haben meistens die Burgfräulein gewohnt, weil es schön warm war. Im Winter haben sie dann immer ihre Eisklumpen-füße am Kamin aufgetaut, weil sie damals ja auch noch keine Thermosocken hatten wie wir heute.

Ich bin dann das Burgfräulein Renate!

Beate und Renate, aus der Kemenate, futtern nur Salate.

Flora kann super reimen!

Wir haben alle gekichert und ich wollte gerade was mit
»Tomate« drin weiterreimen, als plötzlich

WUSCH!

aus einer kleinen Tür am Ende des Gangs
etwas durch die Luft schoss und haarscharf
über den Köpfen der Parallelklassenzicken hinwegsauste.

SIE HABEN WIE IRRE GEKREISCHT!

WAS WAR DAS?

DAS WAREN
FLEDERMÄUSE.

ABER DIE SCHLAFEN
NORMALERWEISE
TAGSÜBER ...

→MARIE IST
SOOO KLUG!

Das **KREISCHEN** der Parallelklasse war natürlich ein sehr schönes Erlebnis für uns, aber irgendwie blieben an diesem ersten Tag trotzdem eine Menge ungeklärter Fragen über Burg Schlotterstein übrig:

Wo kamen die Fledermäuse eigentlich so plötzlich her? Warum haben sie nicht geschlafen?

Wohin führt die kleine Tür am Ende des Ganges?

Warum hat Herr Kurz die Frage, ob es hier spukt, nicht richtig beantwortet?

Wer ist diese Frau Schlotter in Wahrheit? Was hat sie zu verbergen?

Warum ist dieser Igor so abweisend? Warum kann er Besucher nicht leiden?

AUF BURG SCHLOTTERSTEIN GESCHEHEN RÄTSELHAFTE DINGE.

→ Spukt es hier wirklich?

Am nächsten Morgen sind Flora und ich ganz **zeitig** aufgestanden, damit wir mit unseren Spürhunden Gassi gehen konnten und niemand es merkt. Es war noch fast ein bisschen dämmrig draußen. Wir sind aus der Burg geschlichen und haben die Tür extra weit aufgelassen, damit wir wieder reinkönnen. Aber kaum waren wir zwei Schritte gelaufen, hat es plötzlich hinter uns QUIIIIIIIIIEEEEEEEETSCH gemacht und die Tür war wieder zu. Wie von Geisterhand!

»Hast du das gesehen?«, hat Flora geflüstert und Dschastin und Mailie haben leise geknurrt.

»Das war der Wind«, habe ich mit fester Stimme gesagt.

OBWOHL ES GAR NICHT WINDIG WAR. SCHLUCK.

Doch da ging plötzlich QUiiiiiiiEEEEEEETSCH
die Tür wieder auf! Flora und ich haben uns detektivisch
angeguckt und dann sind wir zur Tür gerannt, um denjenigen zu schnappen, der die Tür auf- und zugemacht
hat, um uns zu erschrecken.

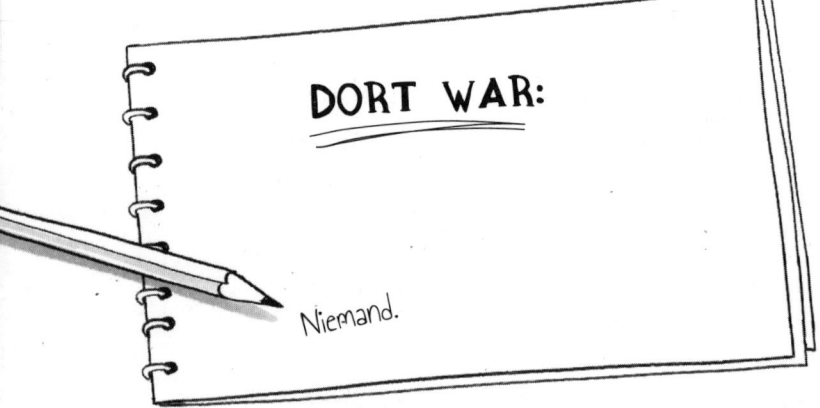

DORT WAR:

Niemand.

Pass auf, was
du sagst!

Nicht mal eine BURGRATTE.
→ Obwohl das ja auch voll schrecklich gewesen wäre.
Wir wollten die Tür dann detektivisch untersuchen, aber
in diesem Moment haben wir Herrn Örtels Stimme gehört.

Willst du einen Saft, Mausi?

**FÜHLST DU MEINE
KRAFT, KLAUSI?**

Dann kamen Schritte und wir sind lieber schnell weg.

MAUSI UND HASI! ÖRKS! KICHER!

Ich hab zu Flora gesagt, dass wir uns die Tür später noch mal genauer angucken.

Zum Frühstück saßen wir alle in dem Rittersaal, der war sehr festlich geschmückt. Herr und Frau Kurz hatten solche Kostüme von früher an und haben Kakao serviert. Und es haben sogar Fackeln gebrannt!

Hendrik war auch da, er war als HOFNARR* angezogen und hat Äpfel verteilt.

* Ein HOFNARR war früher bei Rittern und Königen so eine Art Clown. Der war clownsmäßig angezogen und hatte bimmelnde Glöckchen an seiner Mütze. An Geburtstagen von kleinen Rittern musste er Quatsch machen, und wenn die kleinen Ritter nicht gelacht haben, dann – Hungerturm!

Hofnarr Hendrik wäre sofort im Hungerturm gelandet, denn er war so lustig wie ein toter Regenwurm und ist nur mürrisch herumgeschlurft.

Von dem Fenster im Rittersaal aus hatte man eine prima Sicht auf den **HUNGERTURM**.

Und auf einmal hat Leon (der doch nicht da geschlafen hat, haha, wusste ich es doch!) gerufen:

»BOAH, GUCKT MAL, DA!«

Er hat zum Hungerturm gezeigt und alle haben sich die Köpfe verrenkt und dann haben wir es gesehen!

ETWAS GROSSES WEISSES IST DORT GERADE VOR DEM FENSTER GANZ OBEN HIN UND HER GEFLATTERT UND DANN PLÖTZLICH RUNTERGESTÜRZT!

Ein paar Mädchen haben sich erschrocken die Augen zugehalten, Ida wollte wissen, ob das eben Frau Schlotter gewesen ist, Ole hat gesagt, das war eine Wolke und eine optische Täuschung, und die anderen waren alle der Meinung, es war ein **GEIST!**

Selbst Frau Weinerlein ist ganz blass geworden, ich hab es genau gesehen. Und Herr und Frau Kurz haben sich erschrocken angeguckt! **Herr ÖRTEL** hat dann gemeint, dass es dort wahrscheinlich die Gardine aus dem Fenster geweht hat und dass er jetzt gern noch ein bisschen Rührei essen würde.

ABER EINE GARDINE IM HUNGERTURM? FLORA, IDA, MARIE UND ICH HABEN UNS ANGEGUCKT UND UNAUFFÄLLIG MIT DEN KÖPFEN GESCHÜTTELT.

FAKT:

In Hungertürmen gibt es keine Gardinen.

Das müsste Herr Örtel als Hausmeister eigentlich wissen, oder hat ihn schon jemals einer gebeten, eine lila gepunktete IKEA-Gardine in einem KERKER anzubringen? Nein? Eben!

Wir haben dann schnell noch ein bisschen was zu futtern für *Mailie* und **DSCHASTIN** organisiert und in eine Serviette gepackt → Schinken und Würstchen und Salami! Ivy hat uns dabei beobachtet und dann ganz laut gesagt, dass wir absolut **MEGA** peinlich verfressen sind.

> DABEI HAT SIE SIEBEN
> PFANNKUCHEN AUF IHREM TELLER IN
> KLEINE STÜCKE ZERSCHNITTEN!
> ÄHM – HALLO?

Wer im Glashaus sitzt, sollte nicht mit Steinen werfen!

→SAGT OMA IMMER.

Frau Weinerlein hat jetzt **blöderweise** wieder so misstrauisch und nachdenklich zu uns und unseren Servietten hingeguckt. Ich glaube, die ahnt was... Doch nun sollte Hofnarr Hendrik für uns mit Äpfeln jonglieren, aber es sah voll behämmert aus.

MAN SAH, DASS ER:

→ a) nicht das geringste Talent hatte
→ b) absolut keine Lust hatte

Die Äpfel sind wie müde Schneebälle links
und rechts neben ihm auf den Boden
geklatscht und weggerollt und Ida hat sich
schnell gebückt, um sie als NOTPROVIANT
einzusammeln (man weiß ja nie, wann
harte Zeiten anbrechen).

DOCH DANN HATTE SIE PLÖTZLICH KEINEN APFEL IN DER HAND ⟹ SONDERN EINE MAUS!

Die hat **gezappelt** und Ida hat sie schnell fallen
lassen und die Maus ist abgehauen zu ihren ganzen
Schwestern und **Brüdern**, die jetzt über
den Fußboden im Rittersaal gerast sind.
Wo kamen die denn auf einmal alle her?

EIN TUMULT BRACH LOS!

Die Jungs aus unserer Klasse haben alle gejubelt, dass das die GEILSTE Klassenfahrt ist, die wir je gemacht haben. Dann wollten sie wissen, ob sie jeder eine Maus mit nach Hause nehmen können, und in dem Moment kam auch noch Frau Schlotter rein und hat am lautesten von allen gekreischt, weil eine Maus an ihrem Bein hochklettern wollte.

»HILFE! MÄUSE! WIE EKELIG!«

Dann mussten wir leider, leider aus dem Rittersaal raus und draußen warten, damit die da drin die Mäuse fangen und alles aufräumen konnten. Außerdem ist Herr Örtel losgegangen, um die »Gardine« beim HUNGERTURM wieder einzusammeln.

ABER DA WAR NICHTS ZUM EINSAMMELN.

→ Das hat er zu Frau Weinerlein gesagt, als er
wiedergekommen ist, ich hab es genau gehört.

SEHR SELTSAM! Wo etwas aus dem Fenster
fällt, muss doch auch was aufzuheben sein, oder?

Leider konnten wir das nicht weiterverfolgen, jetzt stand
nämlich ein Besuch im **LABYRINTH** der Burg an.

Wir sind also alle losgegangen, um das Labyrinth zu
suchen, aber die Schilder auf Burg Schlotterstein waren
total verwirrend:

⟵ ZUM LABYRINTH DA LANG

Aber als wir dort ankamen, war da kein Labyrinth,
sondern nur wieder ein Schild:

ZUM **LABYRINTH** DA LANG

HÄ?

Immer wenn wir irgendwo
angekommen sind, hat uns ein
Schild wieder zurückgeschickt.

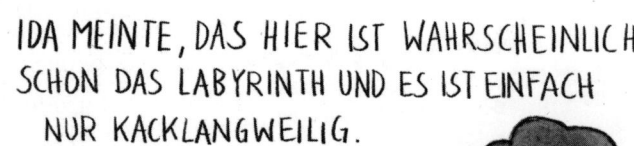

IDA MEINTE, DAS HIER IST WAHRSCHEINLICH
SCHON DAS LABYRINTH UND ES IST EINFACH
NUR KACKLANGWEILIG.

*Marie meinte, da will
uns jemand veräppeln.*

Flora meinte, irgendwo muss
ja hier das Labyrinth sein und sie geht
jetzt durch diese Tür da, die in einen
anderen Teil des Gartens führt.

»DA DÜRFT IHR NICHT REIN!«,

hat plötzlich eine Stimme hinter uns gedonnert.

Wir haben uns erschrocken umgedreht und da stand dieser GRUSEL-IGOR.

»Entschuldigung, Herr Igor«, hab ich zu ihm gesagt. »Wir suchen nur das Labyrinth.«

Igor hat irgendwas gebrummt. Das hat aber keiner verstanden.

»Versuchen wir es mal auf Englisch«, hat Flora geflüstert, aber das konnte leider keiner.

Jetzt hat Igor die Harke hochgehoben und stumm nach links gezeigt. Aha. Da war also das Labyrinth.

Ida hat sich höflich bedankt. »Danke, Herr Igor. Bis zum nächsten Mal.«

(Aber ehrlich gesagt hatte keiner Lust, Igor sehr bald wiederzutreffen.)

DER MANN IST DEFINITIV VERDÄCHTIG!

Auch wenn ich noch nicht weiß, warum.

Das **LABYRINTH** war ziemlich groß und bestand aus lauter hohen Pappkartons, die wie eine mittelalterliche Burg bemalt waren. Am Eingang standen ein paar Buchsbäume mit bunten Fähnchen in Töpfen. Ein paar der Töpfe waren zerbrochen.

Jette ist augenblicklich aus dem **Labyrinth** wieder herausgerannt und Bella wollte gar nicht erst reingehen, obwohl sie doch heute extra aus ihren vier Koffern ihr **EXPEDITIONS-OUTFIT** gewählt hatte → Wanderstiefel, Tropenhut, Cargoshorts in Safarigrün.

Ida, Flora, Marie und ich sind aber selbstverständlich hineingegangen, denn als echte **DETEKTIVE** wissen wir schließlich, wie man aus einem Labyrinth wieder herausfindet.

Da gibt es nämlich verschiedene Methoden!

WIE DU aus einem LABYRINTH immer herausfindest:

STRICH-METHODE

Male beim Betreten von jedem Gang einen Strich auf den Boden. Kommst du an eine Kreuzung, gehst du da lang, wo noch kein Strich am Eingang ist, denn da warst du noch nicht.

Vergiss aber nicht, dort jetzt einen Strich zu machen! Kommst du an eine Kreuzung, wo schon ein Strich ist, gehst du den Gang zurück, aus dem du gerade gekommen bist. Vergiss aber nicht, dort jetzt einen zweiten Strich zu machen! Wähle von nun an immer den Gang mit den wenigsten Strichen.

Irgendwann kommst du so zum Eingang zurück, weil da nämlich nur ein Strich ist. Nachteil: Andere Leute kommen auf dieselbe Idee und es gibt tausend Striche auf dem Boden oder du kommst schon beim Lesen dieser Methode so komplett durcheinander, dass du dir sie nie im Leben merken kannst.

WOLLFADEN-METHODE

Lege eine Wollfadenspur durch alle Gänge, durch die du gehst.
Daran siehst du, ob du dort schon mal langgelaufen bist.

Nachteil: Irgendwann hast du keine Wolle mehr oder du könntest dich in deinen eigenen Wollfäden wie in einem Spinnennetz verheddern. Dann bist du leider für immer in einem Spinnennetz UND in einem Labyrinth gefangen.

RECHTE-HAND-METHODE

Lege einfach deine rechte Hand an eine Wand, lasse sie die ganze Zeit darauf und biege immer nur rechts ab. Falls alle Wände mit der Außenwand zusammenhängen, kommst du auf diese Weise zum Ausgang oder zurück zum Eingang.

Nachteil: Kann je nach Größe des Labyrinths bis zu sieben Wochen dauern. Wenn die Wände nicht alle mit der Außenwand zusammenhängen, bist du auf ewig im Labyrinth verloren.

Aber als wir in dem Labyrinth drin waren, ist etwas ganz
Seltsames passiert!

UNSERE METHODE HAT NICHT FUNKTIONIERT!

Wir haben uns immer rechts gehalten, weil wir keine
Wolle hatten und uns nicht mehr an die ~~behämmerte~~
verwirrende Strichmethode erinnern konnten. Aber
obwohl wir immer nach rechts gegangen sind, kamen
wir nicht weiter! Weil sich nämlich die Gänge vor
unseren Augen zugeschoben haben. ➡ **GRUSELIG!**

»Hier spukt es«, hat Ida geflüstert. Aber Marie hat sich
hingekniet und einen der **PAPPKARTONS** untersucht
und dann gesagt, dass jemand den Karton
verschoben hat, denn man konnte noch eine
Schleifspur sehen. Deshalb war der Gang
auf einmal zu Ende.

Schleifspuren...

↳ Marie ist so _mega_ clever, das gibt's gar nicht!

Wer war das? Und warum? Etwa dieser unfreundliche Igor? Aber warum sollte er das tun? Wir waren doch ganz höflich zu ihm. Ida hat gesagt, dass es vielleicht der **GEIST** von Karl von Schlotterstein gewesen ist. Hm. Wir haben uns beratschlagt und dann hat Flora für mich Räuberleiter gemacht, damit ich über die Kartons gucken und den Ausgang finden konnte. Von hier oben konnte ich sehen, wie die anderen in dem **LABYRINTH** herumgeirrt sind. Es sah aus wie ein Intelligenztest für Mäuse.

> UND PLÖTZLICH HAB ICH VON DA OBEN ETWAS ENTDECKT: EINE WEISSE HAND KAM ZWISCHEN ZWEI PAPPWÄNDEN DURCH UND HAT EINEN KARTON VERSCHOBEN! WIE UNHEIMLICH!

Doch in diesem Moment hat Flora mich blöderweise fallen lassen, weil ihr die Hände von der Räuberleiter wehtaten. **AUA!**
Ausgerechnet jetzt. Gerade hätte ich herausfinden können, wem die Geisterhand gehört!

Wir haben dann aber doch noch aus dem **LABYRINTH** herausgefunden, denn Frau Weinerlein und Herr Örtel kamen (wir haben ihre Stimmen gehört) und von dem Moment an haben sich die Kartons nicht mehr verschoben.

AHA! DER GEIST HATTE ALSO ANGST VOR LEHRERN? INTERESSANT.

Danach sollten wir zum Bogenschießen gehen und die Jungs haben schon wieder voll angegeben, dass sie die besten Bogenschützen der Welt sein werden, dabei haben sie eben im **LABYRINTH** noch rumgeheult wie Babys, weil sie nicht mehr rauskamen. Typisch. Wir sind also alle einen langen Gang entlanggelaufen, durch den man in den Burghof kam. In dem Gang lag ein sehr alter, kostbarer Teppichläufer. **Herr ÖRTEL** war ganz vorn und auf einmal ...

waäah!

... IST UNSER HERR ÖRTEL VOM ERDBODEN VERSCHLUCKT WORDEN!

WIR LÖSEN ZWEI GEHEIMNISSE!

Unser eigenes Geheimnis kommt aber leider auch raus. Mist. Und wir haben einen neuen Fall!

Also, sein Kopf war noch zu sehen. **DER REST** von Herrn Örtel war weg und steckte irgendwie im Boden drin.

Gespenstisch! Der Boden auf Burg Schlotterstein frisst Hausmeister!

Wir sind alle zu ihm hingerannt und wir haben gesehen, dass da irgendwie ein Loch im Boden war und nur der Teppichläufer Herrn Örtels Sturz nach unten aufgehalten hat.

»Eine uralte Falltür«, hat Herr Kurz gemurmelt, den schnell jemand geholt hat.

OH HASI!

Er hat sich am Kopf gekratzt und gesagt, dass er überhaupt nicht versteht, wieso die Falltür auf einmal aufgegangen ist. SIE IST NÄMLICH SEIT JAHRHUNDERTEN ZU.

Jetzt haben alle durcheinandergeredet!

Das war der GEIST!

HIER SPUKT ES!

Das war Karl von Schlotterstein!

Doch da hat **Herr ÖRTEL** laut geflucht, warum zum Donnerwetter ihn nicht endlich jemand rausholt. Herr Kurz und Frau Weinerlein haben ihn dann rausgezogen. Frau Weinerlein hat gesagt, dass sie jetzt keine Nerven mehr für Bogenschießen hat und dass wir deshalb entweder Papp-Rüstungen für junge Ritter und Blumenkränze für junge Burgfräulein basteln oder eine Burgführung mitmachen können, aber auf jeden Fall etwas OHNE SIE UND IHRE ARMEN NERVEN!

Ida, Flora, Marie und ich haben sofort »Burgführung« gesagt. **Blumenkränze** (lahm!) brauchen wir nicht, wir sind schließlich Detektive.

Oder hatte vielleicht **Sherlock Holmes*** einen Blumenkranz auf dem Kopf?

Und Rüstungen klappern nur lästig, wenn man jemanden verfolgen will. Total ungünstig für uns.

* Sherlock Holmes war der berühmteste Detektiv der Welt. Er hat in London gewohnt und mit seinem Freund Watson kniffflige Fälle gelöst. Fast so knifflig wie unsere. Außerdem hatte er immer eine Pfeife im Mund und so einen karierten Hut mit Geschenkbandknubbel auf dem Kopf. Aber immer noch besser als ein Blumenkranz, finde ich.

DESWEGEN SIND WIR MIT EIN PAAR ANDEREN ZUR BURGFÜHRUNG MIT FRAU SCHLOTTER GEGANGEN.

WAS WIR BEI DER FÜHRUNG MIT FRAU SCHLOTTER ALLES ERFAHREN HABEN,

bevor wir vor Langeweile eingeschlafen sind:

- - - - - - - - - - - - - - - - - -

Der Burgbrunnen wurde **1590** mit einem Durchmesser von **3,70 m** und einer Tiefe von **147 Metern** erbaut. Gähn.

Die Burg wurde Anfang des **15. Jahrhunderts** von Kunibert von Kallewitz gebaut, **1463** erbte Guntibert von Kallewitz die Burg, der sie dann **1510** seinem Sohn Eggibert von Kallewitz vererbte, der sich mit seinem Bruder Willibert von Kallewitz um die Burg stritt. Willibert erschlug Eggibert und fiel anschließend vom Pferd und brach sich das Genick und daraufhin kaufte Siggibert von Schlotterstein die Burg, das war der Urururururururgroßvater von Karl von Schlotterstein und … Schnarch.

Unter der Burg gibt es unterirdische Gänge, die heißen Katakomben und sind insgesamt **zwanzig Meter** lang und … Röchel.

Vier mächtige Türme wurden zwischen **1480** und **1507** erbaut. Ihre Mauerstärke betrug **drei Meter** bei einem Durchmesser von **zehn Metern** … Hier hat Ida mich geweckt.

Aber als wir zu den Gräbern im Burggarten gelangt sind,
wurde Frau Schlotter plötzlich ganz laut und aufgeregt
und hektisch und hat alle wieder aufgeweckt.

FÄLLT EUCH HIER WAS AUF?

Hat sie uns mit leuchtenden
Augen gefragt und auf das
Grab von Karl von
Schlotterstein gezeigt.

KARL
VON
SCHLOTTER-
STEIN

DER GRABSTEIN
ist ein bisschen
vergammelt?

*Hier wachsen
schöne Blumen?*

DER GRABSTEIN
KIPPT GLEICH UM?

Frau Schlotter hat aber nur einen ganz
verkniffenen, beleidigten kleinen Mund gemacht.

DER NAME? KARL VON SCHLOTTERSTEIN
KLINGT JA FAST WIE IHR NAME, FRAU SCHLOTTER!

Jetzt hat Frau Schlotter gestrahlt, als ob sie im LOTTO gewonnen hat.

»Nein, was bist du doch für ein außerordentlich intelligentes Kind! Warum gibt es nicht mehr von deiner Sorte?«

WARUM LIEGST DU NICHT QUER AUF MEINER TORTE?

↳ hat mein Diktiergerät da ganz laut gerufen. Mann ey!

Frau Schlotter war auch gleich wieder eingeschnappt ...

Marie hat deshalb schnell gefragt, ob Frau Schlotter etwa mit den Schlottersteins verwandt ist, und da hat Frau Schlotter wieder begeistert gelächelt und hätte Marie vor Freude beinahe umarmt.

▭▶ ABER MARIE KONNTE SICH NOCH DUCKEN.

»Jawohl, du extrem schlaues, unglaublich kluges Kind«, hat Frau Schlotter gesagt. »Davon kann man ausgehen. Und deshalb sollte Burg Schlotterstein doch eigentlich MIR gehören!« Dann hat sie uns auffordernd angeguckt. »Findet ihr nicht auch?«

Jetzt ist uns klar geworden, was sie gestern damit gemeint hat, wer sie WIRKLICH ist:

Frau Schlotter hält sich für die wahre Erbin von

PLAN: UNBEDINGT HERAUSFINDEN, OB DAS STIMMT!

BURG SCHLOTTERSTEIN!

Danach durften wir machen, was wir wollten, solange wir Frau Weinerleins **Nerven** in Ruhe ließen und der schrecklichen Falltür nicht zu nahe kamen.

Freizeit! Yeah!

Wir sind erst mal heimlich mit unseren Spürhunden Gassi gegangen und dann wollten Flora und ich die Quietschtür von heute Morgen näher untersuchen, aber es war irgendwie dauernd jemand in der Nähe, da sind wir wieder in unser Zimmer. Ida hat versucht, ihr Bett richtig zu beziehen, und Flora, Marie und ich sind auf unseren tollen **Balkon** rausgegangen, um zu gucken, ob wir von hier oben vielleicht noch etwas Verdächtiges entdecken. Ob noch mal etwas aus dem **HUNGER-TURM** fällt oder so. Gesehen haben wir nichts, aber dafür gehört. Und zwar die Parallelklassenzicken im Nachbarzimmer, denn die hatten ein Fenster auf. Diesmal haben sie aber nicht Burgfräulein Renate und Agathe Tomate gespielt, sondern sich unterhalten.

ALSO, JETTE HAT ANGEGEBEN UND DIE ANDEREN BEIDEN HABEN ZUGEHÖRT.

Jedenfalls wird mein Papa die Burg bald kaufen und ein Hotel daraus machen und einen Golfplatz hier bauen. Dann kommt das blöde Labyrinth weg und ich werde Burgfräulein. Und Hendrik muss mich bedienen. Ätsch!

HAHA! JETTE SPINNT JA WOHL TOTAL. ALS OB!

Wir haben also nur gelacht und ich hab zu den anderen gesagt, dass wir uns jetzt noch mal die komische QUIETSCHENDE Tür draußen ansehen und uns auch gleich heimlich die Falltür vorknöpfen sollten, aber in dem Moment hat Ida aus Versehen ihr Bettlaken fallen lassen und es ist auf **DSCHASTIN** geflattert und da hat er ganz laut gebellt und Mailie hat mitgebellt und plötzlich ging die Tür auf und Frau Weinerlein stand davor.

SIE SAH EXTREM SAUER AUS!

DSCHASTIN ist in dem Bettlaken eingehüllt raus auf den Flur gerast und alle Türen gingen auf und auf einmal war totales CHAOS, weil alle gedacht haben, der Geist von Karl von Schlotterstein rennt durch den Flur. Nur nicht Frau Weinerlein, die hat gesagt: »Ich hab es doch gewusst!«

Und dann hat sie uns angemeckert, weil wir unsere Hunde mit auf die Klassenfahrt gebracht haben, und hat uns gefragt, ob wir etwa den ganzen anderen SPUK auch veranstaltet hätten.

HABEN WIR ABER NICHT! ABER KEINER HAT UNS GEGLAUBT!

Und deshalb hab ich leise zu meinen DETEKTIVINNEN gesagt. »Wisst ihr was? Ich glaube, wir haben einen neuen Fall. Wir werden herausfinden, wer diesen Spuk hier veranstaltet. Dann können wir beweisen, dass wir das nicht waren!«

Flora, Marie und Ida haben genickt und dann haben wir uns alle an den Händen und PFOTEN gefasst und ganz schnell unseren coolen **DETEKTIVBANDEN-SPRUCH** aufgesagt!

Bei allen sieben Winden, den Geist werden wir finden!

Die Parallelklassenzicken haben blöd gelacht und gemeint, dass wir da gar nicht lange suchen, sondern nur mal in den SPIEGEL gucken müssen.

DIE HABEN BESTIMMT AUCH DIE MÄUSE IM RITTERSAAL LOSGELASSEN!
➡ DAS PASST ZU DENEN!

UND DIE HABEN BESTIMMT AUCH WAS AUS DEM HUNGERTURM GESCHMISSEN!
➡ DAS PASST ZU DENEN!

UND DIE WOLLTEN BESTIMMT AUCH HERRN ÖRTEL ERMORDEN!
➡ DAS PASST ZU DENEN!

Frau Weinerlein hat dann gesagt, dass sie heute Nacht mit Herrn Örtel **WACHE** vor unserem Zimmer hält, damit wir nicht noch mehr Unsinn anstellen. Und dass sie unseren Eltern Bescheid sagen wird. Au weia …

Und dann hat sie noch gesagt, dass unsere Hunde süß sind. Da hat sie fast schon wieder ein bisschen gelächelt. Zum Glück.

Aber jedenfalls saßen wir nun in unserem Zimmer fest und konnten nicht raus. **Kacke**. Außerdem mussten wir das unerträgliche Gelächter von Leonie, Ivy und Jette nebenan über den offenen Balkon hören.

HA HA HA HA HA HA HA !!

Haha, jetzt müssen die Doofbrote bestimmt heimfahren, weil sie ihre Hunde mitgebracht haben!

UND ZIMMERWACHE, DAS IST GUT!

UND SCHLIMME RACHE, WAS MIT BLUT!

 hat mein Diktiergerät da laut gebrüllt. Hihi. Manchmal ist es eben doch nützlich, denn jetzt war Ruhe bei denen drüben.

Um wenigstens **ETWAS** Detektivisches
zu machen, haben wir unsere Geheimschrift geübt.

Ich habe geschrieben ⮳

WRV ZFH WVI KZIZOOVOPOZHHV
HRMW WLLU.

GLGZO.

Flora hat geantwortet

Marie hat geantwortet ⮳
ZYVI DRI HRMW
WVGVPGREV.

IDA HAT GEANTWORTET

HÄ? WAS??

Draußen wurde es jetzt leider schon dunkel, sodass man
nicht mal mehr was vom Balkon aus sehen konnte.
Lahm. Und raus konnten wir ja nicht wegen Frau Weinerlein. Doch in dem Moment hat Leonie im Nachbarzimmer ganz laut gerufen: »Guckt mal, was auf einmal
an unserer Wand steht. Ist das geil! Nichts wie hin!«
WAS? Was steht denn da bei denen an der Wand?
Warum steht bei uns nichts an der Wand? So gemein!
Wir müssen das unbedingt rauskriegen! ⮳

ABER WIE?

IVY, LEONIE UND JETTE VERSCHWINDEN.

→ Aber wir haben nichts damit zu tun!

....

Leider konnten wir ja wegen Frau Weinerlein nicht aus unserem Zimmer raus und sind dann eingeschlafen und erst am nächsten Morgen wieder aufgewacht.

OH NEIN! SHERLOCK HOLMES WÄRE BESTIMMT NICHT EINGESCHLAFEN ...

Beim Frühstück waren Jette, Ivy und Leonie nirgends zu sehen. In ihrem Zimmer waren sie auch nicht.
Wir mussten deshalb alle los, um sie zu suchen, und Frau Weinerlein war schon fix und fertig. Und außerdem war sie jetzt froh, dass wir zwei **exzellente** Spürhunde dabeihatten.

ICH SAG NUR: PEEIIINLiCH!

Wir haben nämlich **DSCHASTIN** eine von Leonies Socken (PINK MIT GLITZERSTERNCHEN, ÖRKS) vor die Nase gehalten und er ist sofort losgestürzt.

Mailie hat an einem T-Shirt von Jette (PINK MIT GLITZERBLUMEN, ÖRKS) geschnuppert und ist ihm hinterhergeprescht.

MANN, WAS HABEN WIR FÜR **MEGA-KLUGE** HUNDE!!

DSCHASTIN und *Mailie* sind jetzt die Treppe runtergerannt in den Burghof und dann zu der Tür, die zu den **KATAKOMBEN** führt.

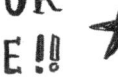

UND DA HABEN SIE GANZ LAUT GEBELLT UND AN DER TÜR GEKRATZT.

Von drinnen konnte man ein **RUFEN** hören!

HILFE!

Lasst uns raus! Wir sind hier unten!

Waren die
Parallelklassenzicken etwa
in den **KATAKOMBEN?**

WIE GRUSELIG. ~~DIE HABEN ECHT MUMM.~~

ABER WARUM?

Herr Örtel hat den Riegel zur Seite geschoben und die
Tür aufgemacht. Dann ist er heldenhaft die Treppe
runtergesprintet und da waren Jette, Leonie und Ivy.

SIE SASSEN IM SCHLAFANZUG IN DEN
KATAKOMBEN
UND WAREN
STINKSAUER!

Frau Weinerlein war **total** froh, dass wir sie gefunden haben, und hat sie angemeckert, was sie denn da unten treiben. Und da hat Jette geheult und gesagt, dass jemand **nachts** was an ihre **WAND** geschrieben hat, um sie hierherzulocken, und dass die Tür offen war. Und dass sie weiter unten aber nur was ganz entsetzlich **GRUSELIGES** gesehen haben und wieder wegrennen wollten. Aber dann hat jemand die Tür zugemacht und sie eingesperrt.

UND DAS WAREN GARANTIERT DIE DA!!!

Geht's noch? Bei der piept's wohl?!

Frau Weinerlein hat aber gesagt, dass das gar nicht sein kann, weil sie vorhin erst in das **Zimmer** von Jette, Leonie und Ivy geguckt hat und da nichts an der Wand stand. Und dass sie außerdem die ganze **NACHT** vor unserer Tür Wache gehalten hat und wir definitiv nicht rausgekommen sind. Also **fast** die ganze Nacht.

Hier ist sie ein bisschen rot geworden und hat zu ~~Hasi~~ Herrn Örtel geguckt.

AHA!

Aber Jette hat behauptet, dass da trotzdem was an der
Wand stand, und ich hab mich erinnert, dass wir ja sogar
gehört haben, wie sie das gesagt haben.

Jetzt wollte Frau Weinerlein die angebliche Schrift
sehen und alle sind aufgeregt mitgekommen, um in das
Zimmer von Jette und Leonie und Ivy zu gucken, aber da
war NICHTS an der Wand! Leonie und Ivy und Jette
hätten jetzt beinahe geheult, doch da hat Frau Weinerlein die Vorhänge zugemacht und gesagt, sie sollen sich
erst mal ausruhen.

UND IN DEM MOMENT,
ALS ES IM ZIMMER DUNKEL WURDE,
ERSCHIEN SO EINE GRÜNLICHE
SCHRIFT AN DER WAND!

WAHNSINNIGE SCHÄTZE warten unten in den **KATAKOMBEN** auf euch! Handys, Gold, Geld, Geschmeide und Laptops und noch mehr Geld und schicke Klamodden!

Seht ihr! Da ist es wieder !!!

Jetzt haben sich alle gegruselt und keiner der Jungs wollte mehr im **HUNGERTURM** übernachten und Frau Weinerlein hat leise zu ~~Hasi~~ Herrn Örtel gesagt, dass sie ihre Hochzeit lieber doch nicht auf BURG SCHLOTTERSTEIN feiern will, weil es hier definitiv nicht mit rechten Dingen zugeht und ganz offensichtlich **spukt.**

Ich hab leise gesagt, dass das nicht sein kann.

»Warum nicht?«

↘ hat Ida gefragt.

Da hab ich Flora, Marie und Ida raus in den Flur gezogen und gesagt:

»Weil echte Detektive nicht an Geister und Gespenster glauben!«

ABER WENN KEIN GEIST FÜR ALL DAS VERANTWORTLICH WAR → WER DANN?

Um das herauszufinden habe ich in unserem Zimmer eine Liste von all den GRUSLIGEN **DINGEN** gemacht, die bisher passiert sind.

UND DAS WAR EINE MENGE!

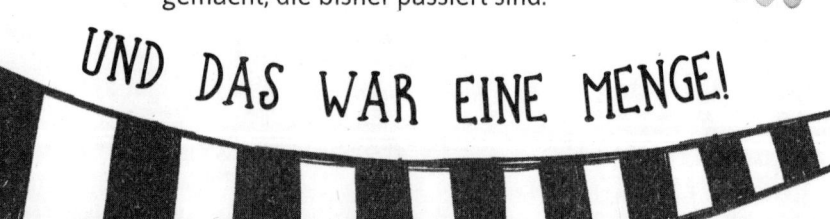

WARUM ES AUF
BURG SCHLOTTERSTEIN
~~GANZ OFFENSICHTLICH~~
ANGEBLICH SPUKT:

- 👻 Türen schließen und öffnen sich wie von Geisterhand!
- 👻 Fledermäuse fliegen tagsüber herum!
- 👻 Etwas fällt aus dem Fenster des Hungerturms und ist dann weg!
- 👻 Mäuse kommen von irgendwoher und rasen über den Fußboden!
- 👻 Ins Labyrinth findet man erst nicht, und wenn man dann dort ist, verschiebt eine weiße Hand die Wände!
- 👻 Falltüren öffnen sich urplötzlich und verschlingen beinahe unseren Hausmeister!
- 👻 Gruslige Schrift erscheint nachts an der Wand, ist dann plötzlich weg und taucht wieder auf!
- 👻 Die Parallelklassenzicken werden in die Katakomben gelockt und eingesperrt!

𝓜𝓪𝓻𝓲𝓮 hat noch gesagt, dass die komische Schrift an der Wand von jemandem stammt, der nicht mal weiß, wie man **Klamotten** richtig schreibt.
(Marie ist so super-klug!)

Und **FLORA** hat gesagt, nie im Leben wäre sie für ein lumpiges **HANDY** und ein bisschen Geld und Geschmeide nachts in so eine gruslige Katakombe gekrochen.
(Flora ist übelst reich, die kriecht für nichts nachts irgendwohin, weil sie ja tagsüber alles kaufen kann.)

Und **IDA** hat gesagt, dass sie sowieso nicht versteht, warum ausgerechnet die Parallelklassenzicken **Gold** und **Geschmeide** und Handys kriegen sollten, das ist eine totale Ungerechtigkeit. Und dass sie selber nur für zwei Pfund Gummibären, sechs Tafeln Schokolade und ein Rebhuhn in die **KATAKOMBEN** gegangen wäre, allerdings hätte sie dann vorher endlich noch herausfinden müssen, was ein Rebhuhn eigentlich ist. (Ida hat immer riesigen Hunger. Immer!)

Außerdem würde sie gern wissen, was die da unten Grusliges gesehen haben, weil sie sich für so was interessiert. Das wollte ich allerdings auch und deshalb habe ich noch einen zusätzlichen Punkt auf meine Liste geschrieben:

WAS BEFINDET SICH UNTEN IN DEN KATAKOMBEN EIGENTLICH GRUSLIGES?

NEUE SPUREN
UND EIN HAUFEN
VERDÄCHTIGE!

Wir entdecken außerdem noch ein Geheimnis,
aber diesmal ein wunderschönes.

Jetzt wussten ja alle, dass wir *Mailie* und **DSCHASTIN**
mit dabeihatten. Deswegen konnten wir mit unseren
cleveren Spürhunden frei herumlaufen und mussten sie
nicht mehr verstecken.

ALSO NICHT DIREKT.

Nur ein bisschen, weil uns nämlich
dauernd jemand hinterhergelaufen ist...

Süüß!

*Kann ich eure Hunde
mal streicheln?*

Nur nicht Ivy, Leonie und
Jette. Dabei hatten unsere
Spürhunde denen das Leben gerettet!

Ohne *Mailie* und **DSCHASTiN** wären die **EWIG**
in den Katakomben neben dem **Grusligen** sitzen
geblieben und hätten sich von Moos und Schimmel-
pilzen ernähren müssen. **ÖRKS**.

Leider haben sie uns auch nicht verraten,
was sie da unten gesehen haben. Sie wollten nicht daran
erinnert werden, weil sie sonst vor Angst sterben,
hat Jette behauptet.

Sogar Herr und Frau Kurz fanden unsere
HUNDE süß und haben überlegt, ob sie ein
Mittelalterspektakel speziell für
Hunde und Katzen anbieten sollten.

Nur Hendrik hat nicht mal gelächelt, als
Mailie an ihm hochhüpfen wollte. Blödi.
»Der ist ein voll eingebildeter Knitter-Ritter«,
hat Flora leise gesagt. **-Hihi**.

Aber jedenfalls konnten wir jetzt herrlich frei
herumlaufen und dabei nach **SPUREN** suchen,
ohne Aufsehen zu erregen, denn wir haben
einfach so getan, als ob Mailie und Dschastin
unbedingt mal Gassi mussten.

»Geht nur«, hat Frau Weinerlein mit schwacher Stimme gesagt und den kühlen Umschlag auf ihrer Stirn erneuert. Und zu ~~Hasi~~ **Herrn ÖRTEL** hat sie leise gesagt, dass sie ihre Hochzeitsreise bitte auf eine einsame Insel machen will, wo es weder **Kinder** noch **Falltüren** noch **KATAKOMBEN** und auch keine Fledermäuse oder weiße Mäuse gibt.

»Wo wir gerade von weißen Mäusen reden«, hat Flora da plötzlich gesagt, als wir um die Ecke gebogen sind. Dabei hat sie auf eine **ZEITUNG** gezeigt, die neben einer Harke und einem **WURSTBROT** auf einer Bank lag.

Wahrscheinlich Grusel-Igors Pausensnack.

S.1

Wird Burg Schlotterstein etwa bald verkauft?

Erste Gerüchte kursieren!

Weiße Mäuse sind derzeit äußerst beliebt! Die Zoohandlung meldet Rekordverkäufe. Allein 50 Stück in den letzten Wochen!

Der FC Schlotter steigt in die Ober-Liga auf

Hilde Wagner wird 100! HERZLICHEN

»Fünfzig weiße Mäuse«, hat Marie langsam gesagt.
»Was schätzt ihr, wie viele Mäuse gestern beim Frühstück über den Boden gerannt sind?«

Garantiert so ziemlich genau 50!

Ich hab die **ZEITUNG** hochgehoben, um das mit den Mäusen noch genauer zu lesen, und in dem Moment ist etwas aus der Zeitung herausgerutscht.

Ein weißer Handschuh! So weiß wie die Hand, die die Kartons im Labyrinth verschoben hat!

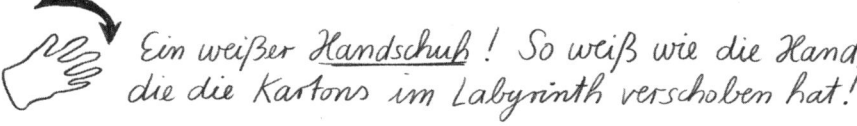

BRAUCHT IHR MEINE HARKE?

→ hat da eine Stimme hinter uns gebrummt.

GRUSEL-IGOR persönlich!

Er sah ziemlich finster aus. Also wie immer.

RAUCHT IHR MEINE MARKE?

↳ hat mein Diktiergerät voll laut gebrüllt. Mann, ey!

Jetzt hat er NOCH FINSTERER geguckt.
»Nn...nnein ddd...daaaanke«, haben wir gestottert und sind schnell weggehuscht. Ich hab mich nur noch einmal umgedreht, ob er uns auch nicht hinterherkommt, und deswegen bin ich leider an die doofe Mülltonne geknallt. Das hat gemein wehgetan und übelst laut gescheppert!

ROTZPOPELIGE RITTERKACKE!

AUA.

Weil **IGOR** jetzt immer noch in unsere Richtung
gestarrt hat, habe ich schnell mit den anderen den
ganzen **EKLIGEN** Kram wieder eingesammelt, der aus
der Mülltonne gefallen war. Klebrige Joghurtbecher.
BÄH. Alte Saftkartons. **WÜRG**. Knautschige
Zahncremetuben. **SCHÜTTEL**. Doch auf einmal
hab ich etwas **HOCHINTERESSANTES** entdeckt.
Eine leere Sprühdose. Und in diesem Moment hab ich
endlich kapiert, woher die geheimnisvolle Schrift im
Zimmer der Parallelklassenzicken kam!

IDA HAT GLEICH NACH DER DOSE GEGRIFFEN.

Sie wollte wissen, ob das in der Dose
SCHLAGSAHNE zum Sprühen ist?
Und ob sie vielleicht sogar noch gut ist?

STOPP! DAS IST
NACHTLEUCHTFARBE!

* Nachtleuchtfarbe ist eine besondere Farbe, die
tagsüber Licht speichert. Da sieht man sie nicht. Nachts
gibt sie dann das Licht wieder ab und schwupps - sieht
man sie plötzlich. Sehr geeignet, um Leute damit in die
Katakomben zu locken und einzusperren!

AHA! Der Täter hat also tagsüber seine geheime Botschaft an die Wand im ZIMMER der Parallelklassenzicken geschrieben und nachts hat man die Schrift dann plötzlich gesehen!

VON WEGEN GEISTER UND ZAUBEREI!

ABER WER IST DAS GEWESEN?

Etwa **Grusel-Igor?** Er hatte ja auch schon den weißen Handschuh in seinem Besitz. Und was hat er überhaupt hinter der **Tür** in dem Burggarten versteckt, durch die wir nicht gehen durften?

WAS IGOR VIELLEICHT HINTER DER TÜR VERSTECKT:

↦ Mehr Mäuse?
↦ Mehr Nachtleuchtfarbe?
↦ Mehr Handschuhe?
(evtl. in Rot? Wie Blut)

Natürlich wollten wir **Igor** jetzt gern ⌈OBSERVIEREN⌉,
aber blöderweise stand bei ihm nun so ein Mann mit
Anzug und Aktentasche und hat mit ihm geredet. Der
Mann hat immer wieder **laut** gelacht und Igor dabei
auf die Schulter geklopft.

IGOR hat aber nicht
zurückgelacht.
KEIN EINZIGES MAL.
(ZURÜCKGEKLOPFT HAT
ER AUCH NICHT.)

HA
HAHA
HA!

DEN MANN KENNE
ICH! DAS IST
JETTES PAPA ...

Was hatte Jette gestern
Abend noch mal behauptet?
Dass ihr Papa die **BURG** kaufen wird? Sollte das
wirklich stimmen? In der **Zeitung** eben stand doch
auch irgend so was ... Wir haben uns näher rangeschli-
chen, um zu hören, was Jettes Papa mit **IGOR** zu

bereden hat. **Zum Glück** standen genügend Büsche und Bäume herum, hinter denen man sich verstecken konnte.

Jo, guter Mann. Wenn das hier erst mal ein Golfplatz ist, dann können Sie immer den Rasen mähen. Das macht doch auch Spaß!

Igor sah aber nicht so aus, als ob er gleich vor Spaß **explodieren** würde. Ganz im Gegenteil.

GOLF IST FÜR REICHE LEUTE.

ROLF FRISST DIE **LEICHE HEUTE!**

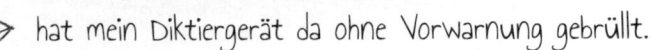 hat mein Diktiergerät da ohne Vorwarnung gebrüllt.

SOFORT haben die beiden zu unserem Versteck geguckt. **Herrgott noch mal!**

DABEI HATTEN WIR GERADE SO EINE HEISSE SPUR!

Wir sind also lieber schnell weg. Dschastin und Mailie
waren ja jetzt schon fast eine Stunde auf »Pinkelpause«
und außerdem sollten wir heute einen Ausflug zum
Abenteuerspielplatz machen. Doch kurz vor
dem **Burghof** kam jemand auf uns zu.

Gnihihi

ES WAR FRAU SCHLOTTER –
mit einer Mülltüte in der Hand.

(SIE LÄCHELTE IRGENDWIE IRRE)

»Oh, ihr hebt den Müll auf, wie lieb«, hat
sie gesagt. »Ich bin auch gerade dabei, ich suche
nämlich mein bezauberndes weißes Cape und dachte, es
liegt vielleicht irgendwo herum. Habt ihr es gesehen?«
Tatsache, seit einer Weile hatte sie ja ihr Cape gar nicht
mehr an. »Äh, nein.«
»Wie bedauerlich«, hat Frau Schlotter gesagt. »Es ist so
ein feines Cape. Ach, und gebt das da mal her, ich
nehm es gleich mit.«

**UND DAMIT HAT SIE MIR DIE
DOSE MIT DER NACHTLEUCHTFARBE
AUS DER HAND GENOMMEN!**

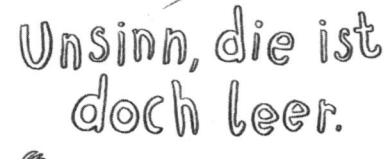

Äähhh... die Dose... bbbrauch ich nnnoch...

Unsinn, die ist doch leer.

Und damit verschwand unser EINZIGES Beweismittel in Frau Schlotters Mülltüte!

Warum gibt sie die mir nicht wieder? Es kann ihr doch egal sein, was ich mit der Dose will? Will Frau Schlotter vielleicht das Beweismittel vernichten?

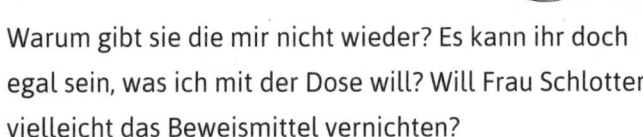

WIR HABEN SOFORT EINE LISTE VON DEN VERDÄCHTIGEN GEMACHT:

1 IGOR:

Sieht gruslig aus, versteckt irgendwas hinter einer Tür im Burggarten, hat einen weißen Handschuh.

MOTIV: HASST ALLE BESUCHER.

② JETTES PAPA:

Will hier einen Golfplatz und ein Hotel bauen, obwohl Familie Kurz die Burg doch gar nicht verkaufen will.

MOTIV: WILL DIE GÄSTE VERGRAULEN, DAMIT FAMILIE KURZ PLEITEGEHT.

③ FRAU SCHLOTTER:

Ist irgendwie irre und hat sich unser Beweismittel geschnappt.

MOTIV: IST BESESSEN VON DER IDEE, DASS IHR DIE BURG GEHÖRT.

Weil links Frau Schlotter gelauert hat und rechts Igor und Jettes Papa standen, sind wir quer durch den Burggarten zurückgegangen. Dabei sind wir wieder an der Tür vorbeigekommen, von der Igor nicht wollte, dass wir sie öffnen. Aber jetzt war er ja nicht da. Jetzt war überhaupt kein Erwachsener da … Wir haben uns kurz angeguckt und dann hat Marie mit einem **RUCK** die Tür aufgemacht.

Aber dahinter war gar nichts Grusliges. Nicht mal ein paar Mäuse. Dahinter war...

DER Schönste GARTEN der Welt!

Das hat überhaupt nicht zu **GRUSEL-IGOR**
gepasst. Warum versteckt der diesen tollen Garten?

SEHR SELTSAM.

Als wir zu den anderen gestoßen sind, standen sie alle
mit **langen** Gesichtern herum. Frau Kurz hat nämlich
gefragt, ob nicht bitte, bitte ein oder zwei Kinder dableiben
und ihr bei der **Vorbereitung** für das Rittermahl
heute Abend helfen können? Weil Hendrik sich nämlich
leider **BEIDE HÄNDE** verstaucht hat und nicht
mithelfen kann. Dazu hatte natürlich absolut niemand
Lust. Auf den Abenteuerspielplatz verzichten, nur
wegen Hendrik, dem eingebildeten Heini?

Hendrik saß nämlich mit verbundenen
Händen daneben und hat das erste Mal,
seit wir hier waren, gelächelt.

Aua,
aua.

DOCH IN DEM MOMENT GESCHAH

- EIN WUNDER!

IDA HAT SICH GEMELDET UND GESAGT:

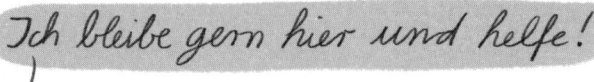

Ich bleibe gern hier und helfe!

IST IDA VERRÜCKT GEWORDEN?
LIEGT AUF DER BURG VIELLEICHT
EIN FLUCH, DER ALLE BESUCHER
IN DEN WAHNSINN TREIBT?

»Ida?«, hab ich gezischt. »Spinnst du?«

Aber Ida hat mir irgendein ZEICHEN gemacht und da hab ich kapiert, was sie vorhat. Es war eine super Idee. Wenn kein anderer hier war, konnten wir prima alle Quietschtüren und Verstecke untersuchen und noch mehr SPUREN verfolgen. Meine Güte, dass ausgerechnet Ida so clever ist! ⤴Wer hätte das gedacht? Ich hab den Daumen hochgehalten und ihr zugezwinkert und dann habe ich mich auch gemeldet und Flora und Marie auch.

»Die müssen kochen!«, haben die Parallelklassenzicken gleich begeistert gegrölt.

DIE KÜSSEN KNOCHEN!

hat mein Diktiergerät gebrüllt. Ich glaube, ich steck das jetzt in meinen Koffer.

Frau Weinerlein hat uns gelobt, weil wir so hilfsbereit sind, und hat gesagt, dass sie sich jetzt noch mal überlegt, ob sie unseren Eltern was wegen **DSCHASTIN** und *Mailie* sagt. **YEAH!**

»Super Idee von dir, Ida«, hab ich gesagt, als wir in die **Burgküche** gegangen sind. »Absolut genial.«

»Wieso?«, hat Ida erstaunt gefragt. »Ich hab doch nur **HUNGER.**« ➤ <u>ACH SO.</u>

In der Küche haben wir Frau Kurz dabei geholfen, das leckere Rittermahl vorzubereiten. Wir haben Honigpunsch gekocht und Teig geknetet und gelernt, wie man rohe Eier trennt.

Also, wie man sie kaputt haut und das **glibberige** Eigelb da rauskriegt.

LECKERES RITTERESSEN ZUM SELBERMACHEN

ARME RITTER

8 Scheiben Weißbrot
3 Eier
100 ml Milch

2 EL Zucker
1 Päckchen Vanillezucker
2 EL Butter

Wie du sie zubereitest:

Eier, Milch, Zucker und Vanillezucker in einer flachen Schüssel verrühren. Dann die Brotscheiben darin wenden und in der Butter in einer Pfanne von beiden Seiten braten. Danach kannst du die armen Ritter noch mit Puderzucker bestreuen oder mit Obst belegen. Lecker!

STOCKBROT

400 g Mehl
1 Päckchen Trockenhefe
1 EL Zucker

300 ml lauwarme Milch
½ Teelöffel Salz
2 EL Butter oder Öl

Wie du es zubereitest:

Alle Zutaten zu einem Teig verkneten. Den Teig so richtig verkloppen und hin und her wälzen, das tut ihm gut. Dann den Teig 30 Minuten an einem warmen Ort stehen lassen, bis er größer geworden ist. Dann in zehn Stücke zerteilen und die Stücke zu langen Würsten rollen. Diese wickelt man um Stöcke und hält sie zehn Minuten lang über ein Lagerfeuer oder heiße Glut, bis das Brot gebacken ist. ACHTUNG: Niemals ein Lagerfeuer im Wohnzimmer machen!

HONIGPUNSCH (MET)

1 Liter Wasser
250 g Honig
1 Liter Apfelsaft

½ TL Zimt
2 Nelken
↳ Nicht die Blumen.
Das Gewürz!

Wie du ihn zubereitest:

Wasser mit Honig, Zimt und Nelken zehn Minuten lang kochen. Dann die Nelken entfernen und den Apfelsaft zugeben und noch mal aufkochen. Wenn der Punsch nicht süß genug ist, kann man noch mehr Honig dazugeben. Schmeckt kalt oder heiß.

Als Frau Kurz dann weggegangen ist, um nach Hendrikchen zu sehen, haben wir ratzfatz mit unseren Erkundungen angefangen. Als Erstes habe ich herausgefunden, dass Frau Kurz alle Schlüssel der Burg an einem großen Haken in der Küche hängen hatte. Auch den für die **KATAKOMBEN!**

Das war die Chance, um zu erforschen, was da unten nun eigentlich Grusliges war. Ich habe mich also **WORTLOS** mit meinen Detektivinnen verständigt und den Schlüssel schnell genommen. ← Also nur geborgt. Nicht geklaut! Flora und Ida standen Wache an der Tür und Marie und ich haben uns dann als Nächstes den **RITTERSAAL** vorgeknöpft. In der Besenkammer hat Marie dann etwas gefunden, nämlich einen Pappkarton mit Luftlöchern oben drin.

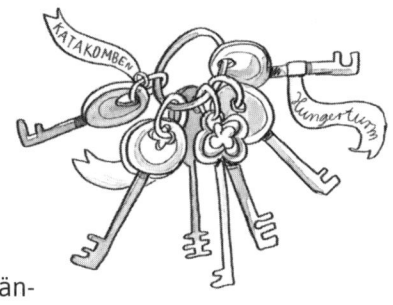

DA DRIN WAR ETWAS
VOLL EKLIGES!

MÄUSEKACKE.

↳ hat Marie gesagt, nachdem sie daran geschnuppert hat.

DAMIT WAR KLAR:

Da drin hat unser **»GEIST«** die Mäuse aufbewahrt, bis er sie zu einem günstigen Zeitpunkt (Frühstück!) im Rittersaal losgelassen hat. ← **AHA!**

Als Frau Kurz wiederkam, hat sie sich bei uns bedankt und hat uns ein **SCHÖNES** Buch über **BURG SCHLOTTERSTEIN** geschenkt.

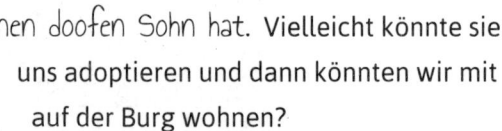

Frau Kurz ist echt lieb. Schade, dass sie so einen doofen Sohn hat. Vielleicht könnte sie uns adoptieren und dann könnten wir mit auf der Burg wohnen?

> OBWOHL, DANN WÜRDE ICH MAMA UND PAPA TOTAL VERMISSEN. UND VIELLEICHT SOGAR MEINEN BRUDER TIM. UND OMI NATÜRLICH!

Als Nächstes haben wir uns dann die **Quietschtür** vorgeknöpft. Zuerst sah es so aus, als ob da gar nichts war, aber dann haben wir was entdeckt. An der Tür waren so eiserne Haken und unten an einem Haken hing noch ➡ **EIN DÜNNER STRICK!**

Ich habe den Strick genauer betrachtet. Hm. Warum war der da? Und wozu?

Da hat jemand mit einem Strick die Tür immer auf- und zugezogen!

Boah, Ida hatte recht! **Unglaublich.** Eines Tages wird Ida Marie noch an Klugheit überholen! Tatsache, der Strick ging weiter und weiter und führte zu einer **alten** Truhe, die im Gang stand. Da drin hatte sich jemand versteckt und immer an dem Strick gezogen!

Ich hab dann noch die kleine Tür am Ende des Ganges untersucht, aus dem neulich die **Fledermäuse** gekommen waren. Die hatten ja wohl kaum selbst die Tür mit ihren kleinen Krallenfüßchen geöffnet.
Zeit für meine **LUPE**! Ich hab das Schloss an der Tür genauestens inspiziert. **BINGO.** Jemand hatte die Tür aufgemacht, denn am Schloss war ein kaputtes Spinnennetz. Hätte niemand die Tür aufgemacht, wäre das **Spinnennetz** ja noch ganz!

UNSER »GEIST« HAT ALSO DEFINITIV:

- 👻 die Tür absichtlich aufgemacht, garantiert in der Hoffnung, dass die Fledermäuse rauskommen
- 👻 die weißen Mäuse gekauft und losgelassen
- 👻 die Tür mit einem Strick auf- und zugemacht
- 👻 mit Nachtleuchtfarbe die Parallelklassenzicken in die Katakomben gelockt

Für die **Falltür** und die verschobenen Wände im Labyrinth hatten wir aber immer noch keine Beweise. Und außerdem hatten wir immer noch keine Ahnung, wer dahintersteckte und was in den **KATAKOMBEN** Grusliges war.

ABER EINIGES PASSTE EINFACH NICHT ZUSAMMEN

➤ Warum sollte Jettes Papa seine eigene Tochter in die Katakomben locken?

➤ Und Frau Schlotter ekelte sich vor Mäusen, die hatte die Mäuse ganz bestimmt nicht angefasst.

➤ Und passte der riesige Igor denn überhaupt in die Truhe, um an dem Strick zu ziehen? Eher nicht. Sehr verwirrend ...

Hier steht was INTERESSANTES über die FALLTÜR.

↪ hat Flora da gesagt.

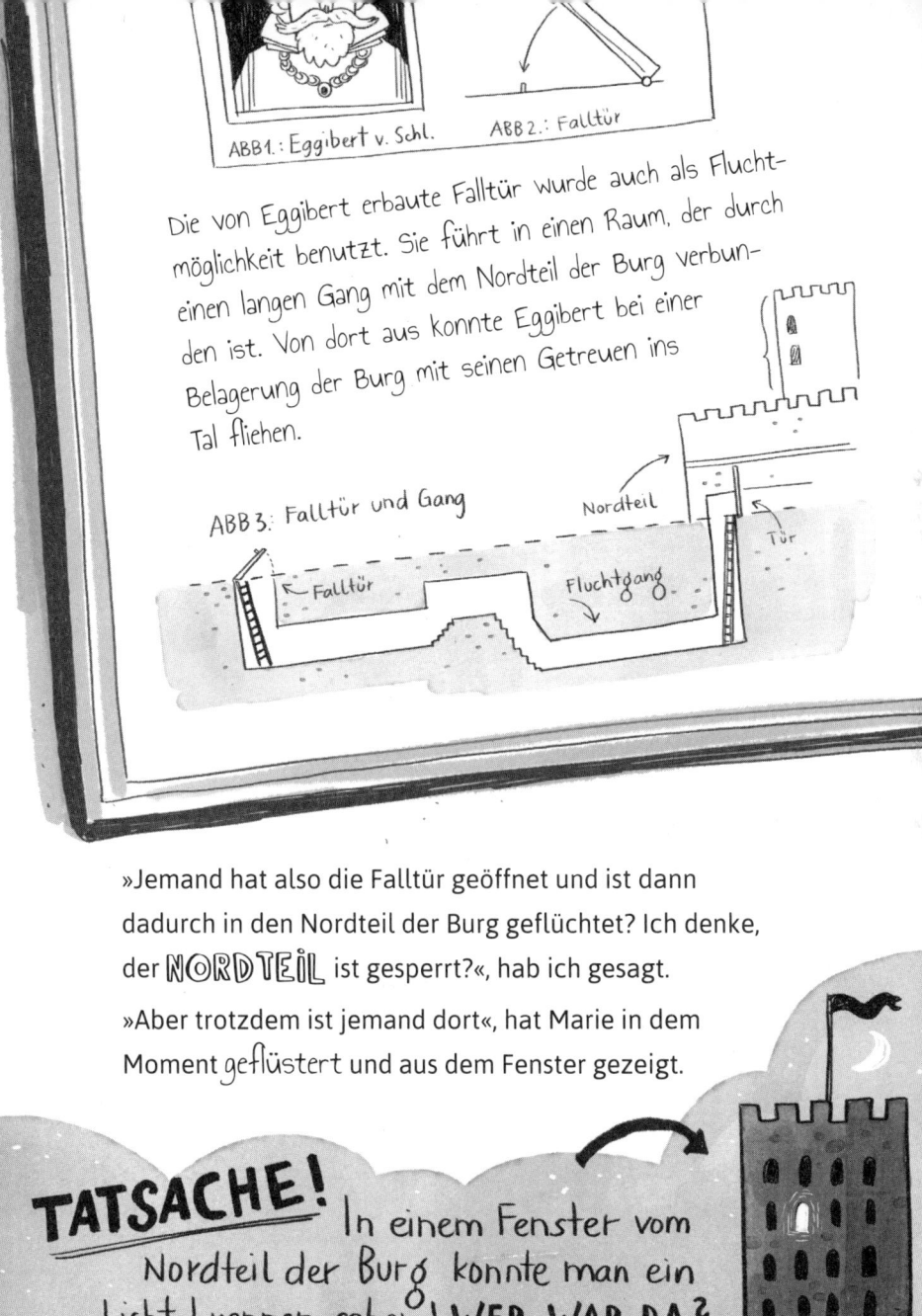

ABB1.: Eggibert v. Schl.   ABB2.: Falltür

Die von Eggibert erbaute Falltür wurde auch als Flucht-
möglichkeit benutzt. Sie führt in einen Raum, der durch
einen langen Gang mit dem Nordteil der Burg verbun-
den ist. Von dort aus konnte Eggibert bei einer
Belagerung der Burg mit seinen Getreuen ins
Tal fliehen.

ABB3: Falltür und Gang

Nordteil

Tür

Falltür   Fluchtgang

»Jemand hat also die Falltür geöffnet und ist dann
dadurch in den Nordteil der Burg geflüchtet? Ich denke,
der NORDTEIL ist gesperrt?«, hab ich gesagt.

»Aber trotzdem ist jemand dort«, hat Marie in dem
Moment geflüstert und aus dem Fenster gezeigt.

TATSACHE! In einem Fenster vom
Nordteil der Burg konnte man ein
Licht brennen sehen! WER WAR DA?

WIR FINDEN ETWAS
VOLL GRUSLIGES
HERAUS!

→ Und eine süße Spur lockt uns. Aber wohin?

»Es könnte vielleicht doch einen **GEIST** hier geben«, hat Ida nervös geflüstert.

»Oder sie haben vor dreihundert Jahren vergessen, das Licht auszumachen«, hat Flora nervös geflüstert.

»Es gibt keine Geister«, hat Marie gesagt. »Und vor dreihundert Jahren gab es auch noch keinen Strom.«

MARIE IST SO
ENORM SCHLAU, DIE WIRD MAL
~~PROFFFFESSOHRIN~~ ... ~~PROHFESORRIN~~ ... ~~PROFFEL~~ ...
→ JEMAND, DER VIEL WEISS UND DAFÜR
VIEL GELD BEKOMMT.

»Und es gibt nur einen Weg, herauszufinden, wer dort ist«, hab ich gesagt.

»Du meinst ...?«

JA, ICH MEINE!
WIR GEHEN DAHIN.

»Aber der Nordteil der Burg ist doch gesperrt«, hat Flora sofort gesagt.

»Offensichtlich aber doch nicht.« Marie hat jetzt wieder aus dem Fenster gezeigt. In dem Moment ging das Licht aus. Und dann nach einer Weile wieder an.

Wir haben uns **detektivisch** angeguckt, dann hab ich meine Taschenlampe, mein Fernglas und mein Diktiergerät geschnappt und wir haben Mailie und Dschastin an die Leine genommen und sind los. Die anderen waren immer noch auf dem Abenteuerspielplatz und eine bessere Gelegenheit würden wir nie wieder bekommen! Und außerdem konnten wir auch endlich noch herausfinden, was in den **KATAKOMBEN** war!

Also sind wir losgegangen, um die Sache mit dem Licht im verbotenen **NORDTEIL** zu erforschen, aber plötzlich ist Flora stehen geblieben.

Sie sah ein bisschen grünlich im Gesicht aus und hat gesagt, sie weiß nicht, ob das so eine gute IDEE ist, dorthin zu gehen, weil wir ja nicht wissen, was da sein könnte.

KEINE GUTE IDEE??

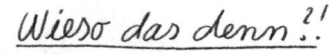 Wieso das denn?!

Es war eine super Idee! Ich wollte das auch gerade sagen, aber dann habe ich kapiert, dass Flora wahrscheinlich ein bisschen Angst hat ...

DETEKTIVE haben ja eigentlich NIE Angst, aber manchmal eben doch. Und Marie hat gesagt, dass das wirklich Gruslige wohl eher in den KATAKOMBEN zu finden ist. Deswegen könnten wir erst in die Katakomben gehen und das WAHNSINNIG GRUSLIGE hinter uns bringen und danach zur Quelle von dem komischen Licht gehen, was dann bestimmt eher nur KINDERGARTEN-GRUSLIG im Vergleich ist. Ida hat gesagt, jetzt ist sie erst recht verwirrt und irgendwie gruselt sie sich jetzt vor allem, sogar vor der Fliege da vorn. Ich habe Floras Hand genommen, damit sie nicht so eine Angst hat, und dann hat Flora gesagt, okay, wenn wir das so machen, dann kommt sie mit. Kurz vor der **Katakomben-Tür** hat es uns dann doch wieder ein bisschen gegruselt, und zwar alle.

Www... wollen wir wirklich da rein??

Aber ich hab gesagt, wenn die Parallelklassenzicken den Anblick des GRUSLiGEN überlebt haben, dann schaffen wir das auch, noch dazu wo wir mutige Detektive sind. Und damit hab ich die Tür aufgeschlossen und wir sind die Treppe runtergegangen. In dem Gang war es kalt und muffig und **stockfinster**, aber plötzlich hat neben mir etwas so grünlich geleuchtet.

➤ Es kam von Idas Händen! Und von meinen eigenen!

VOLL GRUSELiG!

➤ WIR LEUCHTEN VON INNEN!!

Doch dann hab ich mir unsere Hände genau angeguckt und KAPIERT, was das war: nämlich die **NACHT- LEUCHTFARBE!** Wir hatten beide die komische Dose angefasst und da ist wohl die Farbe ein bisschen ausgelaufen und auf unsere Hände gekleckert. Das haben wir aber gar nicht gemerkt, weil die Farbe ja bei Licht unsichtbar ist! Unsere Leuchthände haben aber nicht ausgereicht, um was zu erkennen.

Wir sind den Gang entlanggeschlichen, in dem wir die Parallelklassenzicken gefunden hatten, doch da war nichts zu sehen. Auch nicht in den anderen Gängen. Seltsam.

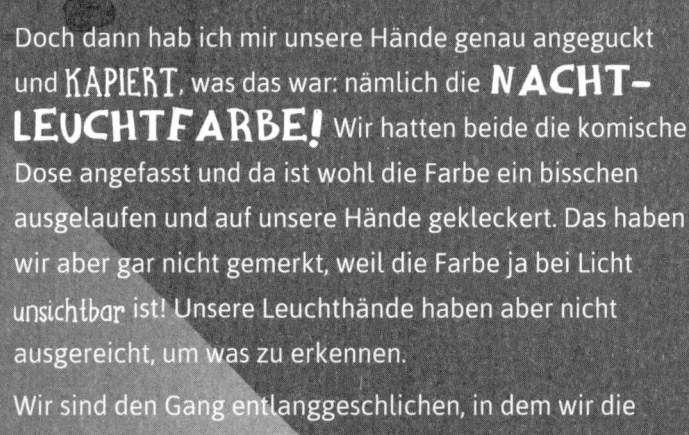

Zum Glück hatte ich meine **TASCHENLAMPE** dabei.

Plötzlich hat Marie geflüstert: »Da!«, und hat auf so Geröll gezeigt. Dort war nämlich eine Wand kaputtgegangen und stand nur noch zur Hälfte. Man konnte über das Geröll klettern und gucken, was in der DUNKELHEIT dahinter war.

Das wollte aber keiner. Außer Marie.

MARIE IST SO UNGLAUBLICH MUTIG!

Hhhhhh!
Toll...!

TOLL? SOFORT SIND WIR ALLE HINTERHERGESTÜRZT. BEFAND SICH DA ETWA DOCH GOLD UND GESCHMEIDE?

Nein. In dem Raum dahinter waren ...

...Fünf verschrumpelte
MUMIEN! ↷

MINDESTENS
500
JAHRE
ALT!

WIR SIND SOFORT SCHREIEND WEGGERANNT!

Ein bisschen konnte ich Jette, Leonie und Ivy jetzt verstehen. Eine ganze Nacht lang da unten bei den Mumien sitzen! Wie gruslig!

Okay. Jetzt wussten wir zwar, was ~~GRUSLIGES~~ **INTERESSANTES** in den Katakomben war, aber immer noch nichts über den Nordteil der Burg.

Um zum Nordteil der Burg zu kommen, musste man am **HUNGERTURM** vorbeilaufen.

Da haben wir vorsichtshalber nach oben geguckt, damit uns nicht wieder was Großes, Weißes auf den Kopf fällt, und da hab ich etwas gesehen!

ÖRKS.

Da oben hing eine **Angel** aus dem Fenster. Eine Angel? Was wollte denn da jemand angeln? Fledermäuse? Raben? Mücken? In dem Moment ist Mailie plötzlich so schnell losgeschossen, dass sie mir ihre Leine aus der Hand gerissen hat. Sie ist losgeprescht, weil da ein Eichhörnchen war.

MANN, MAILIE! → Mailie muss noch ~~ein bisschen~~ ziemlich an ihren Spürhund-Fähigkeiten arbeiten.

Sie kam einfach nicht wieder und so musste ich ihr hinterherrennen und dabei bin ich in etwas reingetreten. Es war eine Schlammpfütze und darin lag etwas Zerknülltes. Etwas Weiches. Örks. Ich hab es mit einem Stock angestupst und rausgeholt und inspiziert.

ES WAR EIN WEISSES CAPE! DAS VON FRAU SCHLOTTER!

Garantiert das große Weiße, das aus dem Turm gefallen ist! Nur dass es jetzt **kackbraun** war. Eine Tarnfarbe!

AHA! Deshalb hat Herr Örtel es auch nicht entdeckt – und Frau Schlotter auch nicht. Dann hab ich es kapiert:

> Das Cape hing da oben an der Angel, damit es gruslig im Wind hin und her flattert. Doch dann ist es abgerutscht - genau in den Moment, als wir alle aus dem Frühstückssaal geguckt haben!

Wir wollten das eklige **BEWEISSTÜCK** nicht mitnehmen und haben es erst mal liegen lassen, um es auf dem Rückweg zu holen. Dann sind wir weitergegangen und plötzlich hat auch noch Dschastin rumgezappelt.

➡ Mann ey! Diesmal war es aber kein Eichhörnchen, sondern etwas höchst Mysteriöses!

Eine **SPUR!** AUS GUMMIBÄRCHEN!

HÄ?!

WIR SITZEN IN DER FALLE!

 Und niemand hört unser Schreien. (Und Bellen.)

....

Alle paar Meter lagen Gummibärchen auf dem Boden!
Sie waren schon ein wenig platt getreten und so halb im
Boden versteckt, und wenn **DSCHASTIN** sie mit
seiner ~~gierigen~~ feinen Schnüffelnase nicht entdeckt
hätte, dann wären wir glatt daran vorbeigelaufen.

PLÖTZLICH LAGEN AUCH NOCH
ANDERE SACHEN AUF DEM WEG:

★ ein Fleischklößchen
★ ein paar Kartoffelchips
★ zwei Salzstangen
★ ein Apfelschnitz

Dschastin wurde jetzt immer schneller, weil er wahrscheinlich dachte, die Spur führt zu einem gigantischen **Kühlschrank** voller Leckereien.

Stattdessen führte die Spur zum **NORDTEIL** der Burg, wo wir ja sowieso hinwollten. ➤ **WIE GRUSLIG.**

Ida ist immer langsamer geworden, obwohl sie doch sonst so ~~verfressen~~ **SNACK-BEGEISTERT** ist.

> Sie meinte, dass die Spur sie an ein Märchen erinnert, in dem eine ~~fiese alte Buckelhexe~~ ältere Mitbürgerin zwei Kinder in ihr ~~Hexenhaus~~ Senioren-Apartment gelockt hat.

Marie hat gesagt, dass es **Hexen** genauso wenig gibt wie Geister, Dschastin hat gezerrt und Mailie hat gehechelt, weil sie nicht hinterherkam. Dann ist sie beleidigt stehen geblieben und die **MUTIGE** Marie hat die Tür am Nordteil der Burg aufgemacht, obwohl da so ein Schild hing.

BETRETEN VERBOTEN!
ELTERN HAFTEN FÜR IHRE KINDER!
KINDER HAFTEN FÜR IHRE HUNDE!
HUNDE HAFTEN FÜR IHRE FLÖHE!

Wir sind dann alle hineingeschlichen. Da drin war es total dunkel und Flora hat geflüstert, dass sie hofft, dass das jetzt wirklich weniger gruslig ist und dass sie keine Lust auf noch mehr MUMIEN hat, aber es waren keine Mumien in Sicht, sondern was anderes. Mit der Taschenlampe haben wir nämlich wieder ein Gummibärchen entdeckt.

Es lag oben auf einer Treppe.

Die Spur geht da oben weiter!
→ HABE ICH GEFLÜSTERT.

Denn jetzt konnte uns die **PERSON**, die das Licht aus- und angemacht und die **SPUR** gelegt hatte, vielleicht hören. Wir sind also so leise wie möglich die Treppe hochgeschlichen, nur Dschastin hat so laut geatmet.

Und wo war eigentlich Mailie?

Ich hab mich umgedreht und »Mailie?« gezischelt, aber sie war nicht da. Mann ey. Dann musste sie eben draußen bleiben.

WER NICHT HÖREN WILL, MUSS DRAUSSEN DOOF RUMSTEHEN!

Jetzt sind wir einen schmalen Gang entlanggelaufen und haben weiter vorn einen Lichtschein gesehen.

DAS GEHEIMNISVOLLE LICHT!

Es kam aus einem Raum, dessen Tür nur angelehnt war.

Marie hat sie vorsichtig aufgedrückt.

Und hat reingeguckt.

»Und? Und? S...s...siehst du W...W...W...Was?«

Marie ist sososososo mutig!

Marie hat nicht geantwortet, sondern auf einmal die Tür mit einem **RUCK** aufgemacht.

DAHINTER WAR EIN RIESIGER SAAL! VOLLER TOLLER ALTER SCHÄTZE!

WAS ALLES TOLLES IN DEM SAAL WAR:

- ganz viele alte Truhen mit Gold dran
- ganz viele alte Spiegel mit Gold dran
- ganz viele alte Ritterrüstungen mit Blech dran
- ganz viele alte Möbel mit Samt dran
- Außerdem eine Kiste voller Lego, ein Skateboard und ein StarWars Laserschwert. **Hö?**

IDA MEINTE, DAS SCHWERT WÄRE BESTIMMT NOCH VON EGGIBERT ODER GUNTIBERT ODER WILLIBERT. MARIE MEINTE ABER, DAS KANN NICHT SEIN.

WIESO NICHT?!

Wäre doch cooool!!!

In der Ecke stand eine kleine Lampe auf einem Tisch und auf dem Tisch stand: ein Teller mit Snacks. Gummibärchen, Fleischklößchen, Kartoffelchips, Salzstangen, Apfelschnitze.

Das **Fleischklößchen** war angebissen, daneben
stand eine Flasche Cola, ganz als ob jemand nur mal
kurz rausgegangen war! **ABER WER?**

»Ich glaube ...«, hat Flora gesagt, doch in dem Moment
haben wir ein Geräusch gehört.

Es waren Schritte!

Und dann ging plötzlich die Tür zu und ein Schlüssel hat
sich im Schloss gedreht.

Hat uns gerade jemand eingeschlossen?

Ich bin zur Tür gerannt und habe an der Klinke gerüttelt.

VERGEBLICH!

»Hey!«, hab ich gerufen. »Was soll das! Aufmachen.
Wir sind noch hier drin!«

Aber niemand hat geantwortet. Man konnte nur ein
grusliges Lachen hören: **»HAHAHAHA!«**

Und Schritte, die sich langsam entfernten. Wer hatte uns
da eingeschlossen?

»HILFE! WIR SIND HIER EINGESPERRT!«

Wie sollen wir denn jetzt zum Rittermahl kommen?

Wir sitzen in der Falle! Und außerdem ... war meine süße
Mailie noch ganz alleine da draußen!

WIR ENTWICKELN PLÄNE ZU UNSERER BEFREIUNG!

→ Und warum Allergien nützlich sein können ...

UND NUN? WER HATTE UNS HIER EINGESPERRT?

»Wenigstens haben wir was zu essen«, hat Ida gemeint und sich erst mal an den Gummibärchen gestärkt.

Ich bin **SOFORT** zum Fenster gelaufen, um zu gucken, ob ich den gemeinen und geheimnisvollen **Einsperrer** noch sehe, wie er feige davonläuft.

→ Habe ich aber nicht. Und die Fenster konnte man nicht aufmachen!

Der blöde **NORDTEIL** der Burg war außerdem **MEILENWEIT** weg vom anderen Teil der Burg, aber als echte Detektivin hatte ich mein Fernglas dabei. Vielleicht konnte ich ja damit den unsichtbaren Einsperrer noch entdecken? Zum Glück war es noch nicht ganz dunkel.

WAS ICH MIT DEM FERNGLAS GESEHEN HABE:

IGOR, wie er weit weg mürrisch an einer Hecke geschnippelt hat. Hm.

FRAU SCHLOTTER, wie sie am Grabstein von Karl von Schlotter vorbeigehuscht ist und diesen heimlich gestreichelt hat. Hm. Hm.

JETTES PAPA, wie er in seinem Räinsch Rohwer weggefahren ist. Hm. Hm. Hm.

UNSERE GANZE KLASSE und die ganze Parallelklasse, die gerade mit Frau Weinerlein und Herrn Örtel vom Abenteuerspielplatz zurückkamen. Hm. Hm. Hm.

Äußerst merkwürdig.

Die kamen alle als Täter nicht infrage, schließlich konnten sie doch unmöglich vor einer Minute gleichzeitig hier und weit weg gewesen sein.

Also doch ein Geist? Es gibt keine Geister!

Flora meinte, dass das **Rittermahl** ja bald anfängt und die anderen uns dann sicher suchen werden.

? ABER WIE SOLLTEN SIE DARAUF KOMMEN, DASS WIR AUSGERECHNET HIER SIND?

»Wir könnten ganz laut schreien«, hat Marie überlegt. »Dann hören die uns.«

→ *Wir haben also ganz laut gebrüllt!*

HAAAALLLLO!! HILFE!

LASST UNS RAUS!!

uuuhhh!

RAST UMS HAUS!

→ hat mein Diktiergerät da noch lauter gebrüllt, aber nicht mal DAS hat jemand gehört.

Ida meinte dann, dass es natürlich total doof wäre, wenn wir nachher das **Rittermahl** verpassen. Wo wir ja extra dafür Teig geknetet und Punsch gekocht haben.

Das wäre voll ungerecht, weil ja eigentlich W̶I̶R̶ die Köche waren. Und wenn wir ewig hier drinsitzen und erst in einer Woche oder so befreit werden, dann ist garantiert nichts mehr übrig. **SAUGEMEIN!** Und ob der Snackteller für vier Leute eine Woche lang reicht, kann sie schwer sagen. Sie glaubt es aber eher nicht.

Eine Woche?? Jetzt ist mir doch ein bisschen mulmig geworden.

Wir haben dann überlegt, ob wir einen der Blechritter aus dem Fenster schmeißen sollen.

DANN WÄRE:

1 das Fenster kaputt und somit ein Fluchtweg da,

2 ein lauter Knall zu hören, damit jemand auf uns aufmerksam wird,

3 ein kaputter Ritter unten auf dem Weg, der vielleicht bei Spaziergängern das Interesse weckt, mal nach oben zu gucken.

DER FETTE ALTE RITTER war aber zu SCHWER.

MANNO!

Inzwischen hatte das Rittermahl bestimmt schon begonnen und keiner vermisste uns! (Wahrscheinlich weil sie alle ganz gierig die von uns zubereiteten Leckereien in sich reingestopft haben!) Frechheit. Wir standen also sehnsüchtig hinter dem Fenster und haben überlegt, was wir jetzt tun könnten. DETEKTIVE GEBEN NIEMALS AUF!

WIR HATTEN FOLGENDE PLÄNE:

1. Einen Hilfe-Brief an das Bein einer Fledermaus binden. (Idas Idee.) Aber wir hatten gerade keine Fledermaus zur Verfügung. Ärgerlich.

2. Mit dem Laserschwert die Tür aufhauen. (Floras Idee) Aber das Schwert war voll lahm und ist sofort zerbrochen. Noch ärgerlicher.

3. Durch den Kamin nach oben aufs Dach kriechen. (Maries Idee.) Der Kamin war aber so düster und dreckig, dass wir uns nicht getraut haben. Vielleicht waren da ja auch Fledermäuse drin? Uäh. Obwohl, dann hätten wir ja wenigstens ein Fledermausbein, siehe Punkt **1.**.

4. Ein Schild mit **HILFE!** darauf ans Fenster halten. (Meine Idee. Ich will mich ja nicht selber loben, aber es war eindeutig die beste.)

➤ Das haben wir dann auch gemacht.

Und dann geschah auf einmal ein Wunder namens OLE!

Ole kam plötzlich den Weg entlanggelaufen und vor ihm lief niemand anderes als –

Mailie!

Ole hat in aller Seelenruhe irgendwas geknabbert und hat sich suchend umgeguckt. Da haben wir wieder »HiLFE!« und »HIER!« gerufen und mit unserem Schild gewedelt und an das Fenster geklopft. Und da hat Ole uns entdeckt.

➡ **Juhu!** Rettung naht.

Ole hat ganz erstaunt zu uns hochgeguckt und mit vollem Mund gerufen: »Was macht ihr denn da oben? Warum seid ihr nicht beim Rittermahl?«

»Komm rein und schließ die Tür auf, wir sind eingesperrt! Erklären wir dir alles später!«

Ole ist also vorsichtig in den **NORDTEIL** der Burg reingegangen.

Und wenig später hat er **KNIRSCH** mit dem Schlüssel
von außen die Tür aufgeschlossen.

★ FREIHEIT, SÜSSE FREIHEIT! ★

Wir sind alle rausgerannt und haben Ole mitgezogen,
obwohl der unbedingt die Kiste mit dem Lego ansehen
wollte, aber da hätte uns ja vielleicht wieder jemand
eingesperrt. Dann standen wir endlich unten auf dem
Weg. **UFF!** Wir haben Ole erzählt, dass uns jemand
FIESES eingeschlossen hat, und Ole hat erzählt,
dass er wegen seiner Allergien beim Rittermahl nichts
essen konnte und sich deswegen einen BUCHWEIZENRIEGEL

→ bio, mehlfrei, zuckerfrei, fettfrei, nussfrei, geschmacksfrei

aus seinem Zimmer geholt hat. Und
dann kam plötzlich *Mailie* und hat
gewinselt und wollte, dass ihr folgt.

MAILIE, DER SUPERSTAR!

Und dann hat er noch gefragt, ob wir was von seinem RIEGEL wollen, er hat irgendwie keinen **APPETIT** mehr darauf.

Ida wollte, denn nach **JAHRELANGER Gefangenschaft** war sie ganz ausgehungert, hat sie gesagt. Wir anderen wollten nicht.

 Der Riegel war aber voll eklig, hat Ida mir zugeflüstert, doch sie hat ihn trotzdem gegessen.

IN DER NOT FRISST DER Teufel FLIEGEN

→ sagt meine <u>Omi</u> immer!

Zum Glück waren aber keine Fliegen in dem Riegel.

➤ **Er war ja vegan.**

IMMER NOCH BESSER ALS BUCHWEIZEN- RIEGEL...

Und außerdem würden wir jetzt ja was Ordentliches zu essen bekommen, denn das Rittermahl war noch voll im Gange.

Und dann würden wir hoffentlich herausfinden, wer der fiese **VERBRECHER** war, der uns hier eingesperrt hat!

WOZU UNSERE
LEUCHTFINGER
GUT SIND.

10

 Und warum einem auch Feinde leidtun können.

....

Wir sind also, so schnell wir konnten, zum Rittermahl gerannt. Das fand im Rittersaal statt **(logisch)** und wir konnten das **SCHMATZEN** der anderen schon von Weitem hören. → Unglaublich. Außerdem erklang solche Düdelidü-Musik und jemand hat dazu gesungen.

Dahaa oben auf der Buhurg im Wald, da speist und trihinkt der Wihillibald ...

Es war aber nicht **RITTER Hendrik**, der gesungen hat. Der stand nämlich draußen und hat mit sich selber und der Wand **BALL** gespielt. Offenbar ging es seinen Händen wieder gut, denn der Verband war ab. Als er uns gesehen hat, ist er ganz rot angelaufen, dann hat er seinen Mund erst auf und dann wieder zugemacht, als ob er was sagen wollte. Aber in dem Moment ist **DSCHASTIN** wie ein **BLÖDER** auf ihn zugestürzt und hat ihn angebellt.

MEHR DRECK, GERLINDE!

hat mein Diktiergerät geplärrt.

Das war schon irgendwie ein bisschen **peinlich**, da sind wir lieber schnell rein.

Es war so **laut** und **voll** im Rittersaal, dass keiner gemerkt hat, wie wir reingekommen sind. Wahrscheinlich hatten sie uns deswegen auch noch gar nicht vermisst.

DER RITTERSAAL SAH GANZ TOLL AUS.

Überall brannten Kerzen und die Vorhänge waren zu, damit die ~~Attmoosphäre~~ die ~~Ahtmossfäre~~ ... die ~~Atmussfere~~ ... also die <u>Stimmung</u> schön festlich war. Jetzt haben wir auch Herrn Kurz entdeckt, der war als Sänger verkleidet und hatte so eine eierförmige **Gitarre** in der Hand, die hieß Laute, das hat er gerade Jette und Ivy erzählt.

Obwohl die Laute gar nicht laut klang, sondern so wie die CD "Entspannungsmelodien mit Eduardo Valentino", die Oma immer hört.

Die Tische bogen sich unter dem vielen Essen, wir mussten uns also keine **Sorgen** machen, dass wir nichts abbekamen.

Es waren ALLE da:

GRUSEL-IGOR

FRAU SCHLOTTER

Frau Weinerlein + Herr ÖRTEL

om nom nom

Düdelidü!

➡️ **GUT**. Als Erstes würden wir jetzt nämlich **SOFORT** herausfinden, wer uns eingesperrt hatte. **ICH WOLLTE GERADE GANZ LAUT »HEY! WER VON EUCH NASEN HAT UNS EINGESPERRT?« RUFEN,** als Frau Kurz mit dem Löffel an ein **GLAS** geklopft hat, um eine Rede zu halten.

kling bing bing bing

Holde Ritter und Burgfräulein! Ich wünsche euch allen einen prächtigen Appetit und hoffe, dass euch Burg Schlotterstein trotz einiger ... äh ... also, dass es euch hier gefallen hat und dass ihr bald mal wiederkommt. Und dann danke ich noch meinen fleißigen Helferinnen, also den Burgfräulein Ida, Marie, Flora und Penny, die mir heute mit dem Essen geholfen haben, weil mein armer Hendrik sich beide Hände verstaucht hat.

Sie hat **uns** angelächelt und dann hat sie **Hendrik** angelächelt, der gerade reinkam, und alle haben wieder geklatscht, außer Hendrik, denn der hatte jetzt wieder den **VERBAND** an seinen Händen, und außerdem sind Mailie und Dschastin in dem Moment losgestürzt und haben Hendrik **wieder** angebellt und da ist mir plötzlich etwas aufgefallen!

Das musste ich unbedingt meinen MIT-DETEKTIVINNEN mitteilen. Erst wollte ich ihnen ja eine Nachricht in unserer Geheimschrift schreiben, aber das hätte zu lange gedauert.

DENN WIE KANN HENDRIK EIGENTLICH BALL SPIELEN, WENN ER SICH DOCH BEIDE HÄNDE VERSTAUCHT HAT??

WAS MIT HENDRIKS HÄNDEN NICHT STIMMTE:

- Angeblich sind sie beide verstaucht.
- Trotzdem hat er draußen munter Ball gespielt.
- Außerdem hatte er draußen keinen Verband um.
- Jetzt hat er aber wieder einen Verband um.

WARUM?

In dem Moment ging neben uns eine Kerze aus und es wurde ein bisschen **dunkel** und Idas und meine Finger haben wieder so grünlich geleuchtet und da war uns plötzlich klar, wieso Hendrik den **VERBAND** trägt!

DAMIT DIE...

...NACHTLEUCHTFARBE...

...im dunklen Rittersaal...

...nicht leuchtet!

HENDRIK STECKTE HINTER DEM GANZEN SPUK?

»HALT! STEHEN BLEIBEN, HENDRIK«,
hab ich deshalb so laut gerufen, dass alle aufgehört
haben zu klatschen und sich nach mir umgedreht haben.

Hendrik hat schief gelächelt und »WIESO DENN?« gefragt.

ZEIG MAL DEINE HÄNDE OHNE DEINEN VERBAND!

STEIG MAL AUF DIE WÄNDE OHNE DEINEN VERSTAND!

Hendrik hat aber nur gesagt, er ist doch nicht blöd, und alle haben verwirrt gemurmelt und Frau Weinerlein wollte wissen, warum ich den armen Hendrik zwingen will, seinen VERBAND abzumachen.

 DER ARME HENDRIK?
HAHA, DOPPEL-HA!

Jetzt sind meine DETEKTIVINNEN mir zu Hilfe geeilt und haben den anderen erzählt, was wir alles herausgefunden haben. Wer nämlich hinter dem ganzen SPUK steckt und wer hinter der Leuchtschrift steckt und der offenen Falltür und dass wir eingesperrt waren und eben nur durch Hilfe eines jungen mutigen Ritters befreit worden sind.

Hier hat Ole sehr stolz gelächelt.

Und dass wir beweisen können, dass Hendrik dahintersteckt, wenn wir nämlich seine Hände sehen.

Die anderen haben uns aber nur verwirrt angeguckt.

»WAS?«   »HÄ?«   »HÄNDE?«

»Hendriks Hände?«   »Ist das ein Zungenbrecher?«

Hendrik hat noch schiefer gelächelt und gesagt: »Okay. Ich zeig sie euch draußen im Freien.«

In dem Moment hat **DSCHASTIN** das Ende der Binde an Hendriks einer Hand geschnappt, weil es ein bisschen locker war und runterhing, und *Mailie* hat das von der anderen Hand geschnappt und dann sind sie losgerannt und haben den Verband ganz schnell abgewickelt. Und dann hab ich BLITZSCHNELL die Kerzen in Hendriks Nähe ausgeblasen.

UND AUF EINMAL HABEN HENDRIKS HÄNDE SO GRÜN GELEUCHTET, ALS OB ER IN DER NACHTMALFARBE GEBADET HÄTTE!

HENDRIK STECKTE HINTER DEM SPUK!

Alle haben erschrocken »Hhhhhhhhhh!« gemacht.

SAUEREI!!!
DU hast uns in die KATAKOMBEN gelockt??

Dieser alberne kleine Racker hat mich im Boden versenkt?!

Und die Mäuse losgelassen?!

Und die Fledermäuse!

UND WAS WAR MIT DEM HUNGERTURM?!

Alle waren jetzt **voll wütend** auf Hendrik, doch weil ich so nahe bei ihm stand, hab ich noch etwas anderes gesehen.

Eine kleine Träne. In seinem Auge. Und dann noch eine. Und noch eine. Hendrik hat angefangen zu weinen. Schluck.

Er hat gesagt, dass wir gar nicht wissen, wie **nervend** das ist, wenn dauernd Schulklassen durch das eigene Haus trampeln. **Und 10000 Besucher.** Und wenn man nie seine Ruhe hat, weil irgendein japanischer **TOURIST** einem ins Wohnzimmer guckt und ein Foto macht, weil er denkt, das ist die Folterkammer.

Und wenn ein anderer Tourist die Tür zum Badezimmer aufreißt, weil er denkt, dort ist der Souvenirladen. Und wenn man dauernd jonglieren muss und den HOFNARR spielen muss, obwohl man doch lieber mit seinen Freunden abhängen oder **X-Box** spielen will. Und wenn die Eltern nie Zeit haben, weil sie dauernd Rittermahle veranstalten müssen. Und wenn man dann nur einen Ort hat, nämlich den Saal im **Nordteil** der Burg, wo man in Ruhe spielen kann. Und wenn dieser Nordteil jetzt auch noch zu einer RITTER-ERLEBNISWELT umgebaut werden soll. Und dass man sich dagegen nur wehren kann, indem man versucht, die ganzen Besucher mit SPUK zu vergraulen!

Jetzt hat mir Hendrik ~~fast~~ total leidgetan. Wir hatten ja alle keine Ahnung davon, wie anstrengend es ist, ein Ritter zu sein!

Alle saßen jetzt da wie belämmert. Und Frau Kurz hat leise geflüstert: »Aber Hendrikchen, wir brauchen doch das Geld, um unsere Burg zu erhalten! Wir müssen das doch machen.«

Doch da ist Marie aufgestanden und hat gesagt:

NICHT UNBEDINGT. ES GIBT NOCH EINE ANDERE LÖSUNG!

11

WIE DIE BURG GERETTET WIRD UND WARUM IDA DIE MUTIGSTE VON UNS ALLEN IST.

→ Und was wir von Hendrik Tolles lernen können.

»HÄ?«, haben alle gesagt. Und da hat Marie gemeint, dass es auf der Burg eine **HISTORISCHE SENSATION** gibt. Was cooles Altes, hat sie dann noch übersetzt, weil die meisten wieder nur **»HÄ?«** gesagt haben.

NÄMLICH FÜNF VOLL GRUSLIGE GUT ERHALTENE MUMIEN.

Und dass man den Burg-Besuchern diese herrlich vertrockneten Mumien zeigen könnte. Und dafür Geld verlangen könnte. **VIEL, VIEL GELD.**
Mindestens ~~fünf~~ ~~zehn~~ fünfzehn Euro pro Mumie!

Herr und Frau Kurz waren ganz überrascht und haben gemeint, dass sie ja gar nichts davon gewusst haben, weil sie schon **EWIG** nicht mehr unten in den **KATAKOMBEN** waren, weil sie immer so viel zu

tun haben. Und dass man sofort einen ~~Spetsialissten~~
~~Schpeziahlisssten~~ ~~Spezziahlisten~~ ... also einen Fachmann
anrufen muss.

Dann hat Marie gesagt, wem die **Mumien** zu gruslig
sind, der kann sich das wunderbare geheime **JUWEL**
ansehen, das es auch noch auf der Burg gibt und was
bislang noch nie jemand gesehen hat. → Bei dem Wort
Juwel haben alle ganz gierig geguckt, besonders Bella.
ABER Marie hat gesagt, dass sie nicht von Gold und
Geschmeide redet, sondern von etwas viel Besserem. Es
gibt nämlich auf dieser Burg den schönsten Garten der Welt!

Hier ist Igor zusammengezuckt und deshalb hat Marie
rasch weitergeredet. Sie hat gesagt, dass **IGOR** der
allerbeste **GÄRTNER** der Welt ist.

Da ist ~~GRUSEL-IGOR~~

aufgestanden und hat seinen Hut in den
Händen geknetet und sich geräuspert.
Und dann hat er so finster geguckt und
wir hatten schon Angst, dass er gleich
losmeckert, aber er hat nur gesagt,
dass er ganz gerührt ist, dass diese
Kinder hier seinen Garten tatsächlich
schön finden. Und dass er das nie gedacht hätte.

– Ohö
Öhö.

DESHALB HAT ER DEN GARTEN VERSTECKT.

Damit diese ganzen **lästigen BLAGEN** nicht immer da durchtrampeln und seine Blumen umknicken.

Hier hat Frau Weinerlein laut gehustet und gesagt, dass die meisten Kinder husthusthust nicht lästig, sondern lieb sind, besonders wir, und dass wir normalerweise auch nichts **OHNE ERLAUBNIS** umknicken, weil wir nämlich wissen, dass Frau Weinerlein sonst zum **DRACHEN** werden kann.

Daraufhin hat **IGOR** gefragt, ob wir den Garten mal sehen wollen. Das wollten alle und so sind wir zu Igors geheimem Garten marschiert.

WAS ES IN IGORS GARTEN ALLES ZU SEHEN GAB:

- einen wunderschönen Teich mit Seerosen, Fischen und Libellen
- ganz viele Springbrunnen
- alte Bäume mit knorrigen Ästen, prima zum Klettern
- coole Steinfiguren, die Igor selbst gehämmert hat
- einen Wasserfall
- romantische Bänke für küssende Liebespaare (örks)
- Hecken, die zu interessanten Formen geschnippelt waren
- Glühwürmchen, für die Igor extra ein Insektenhotel gebaut hat
- ein bislang noch unbekanntes uraltes Grab von irgendjemandem

Frau Weinerlein hat ~~Hasi~~ **Herrn ÖRTEL** ins Ohr geflüstert, dass sie ja vielleicht doch hier heiraten könnten, speziell in dem **schönen Garten**, und Frau Schlotter ist ganz außer sich vor Glück geraten, weil das Grab für eine Köchin namens Waltrauda Schlotter war, die **1642** aus Versehen von einem herabfallenden Kupfertiegel in der Burgküche erschlagen worden ist.

Danach sind alle noch zu den **KATAKOMBEN** gerannt, um die Mumien zu sehen. Außer Leonie und Ivy und Jette, die wollten nie wieder da runter.

Aber Frau Weinerlein hat gesagt, dass die Mumien mal Menschen wie wir alle waren und dass wir nicht so respektlos sein sollen. Und Herr Kurz hat gerufen, dass wir die Mumien um Gottes willen nicht ANFASSEN sollen!

ALS OB DAS EINER MACHEN WÜRDE!

➜ **ABER DANN HABE ICH ES GESEHEN!**
Ida hat heimlich die eine Mumie mit ihrem Zeigefinger berührt! Mann, Ida! Und: ÖRKS!!!

Es hat aber **keiner** gemerkt, denn Frau Kurz und Herr Kurz waren so glücklich, dass sie jetzt eine neue **ATTRAKTION** hatten, und Hendrik hat nicht mehr geweint, sondern sich bei uns entschuldigt. Und dann hat er traurig auf seine Schuhe geguckt und gefragt, wie er das wiedergutmachen kann.

DA HATTE ICH EINE HERVORRAGENDE IDEE!

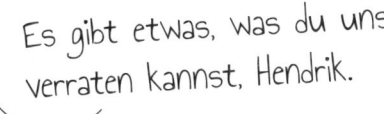

Es gibt etwas, was du uns verraten kannst, Hendrik.

UND DAS HAT HENDRIK UNS VERRATEN:

Hendriks
NEUE & GENIALE
GRUSELEFFEKTE

① DER MANN OHNE OBERKÖRPER

Nimm eine alte Hose von deinen Eltern und stopfe sie mit Zeitungspapier aus. Oben bedeckst du den Hosenbund mit einem Tuch. Dann nimmst du noch ein paar alte Schuhe, die du ebenfalls mit Zeitung ausstopfst, damit sie nicht zu leicht sind. Jetzt stellst du die Hose auf die Schuhe und klebst sie fest. Am besten mit Sekundenkleber. Dann stellst du den Mann ohne Oberkörper an die Wand, wo er lässig auf kreischenden Besuch warten kann. Vorfreude = schönste Freude!

② GLÜHAUGEN

In leere Klopapierrollen jeweils zwei Löcher schneiden. Dann steckst du einen kleinen Glühstab aus dem Bastelladen hinein und versteckst die Klopapierrollen im dunklen Zimmer oder auch nachts draußen im Gebüsch. Jetzt sieht es aus, also ob dich glühende Augen nachts aus dem Dunkel angucken! Muhahaha!

❸ DAS EKLIGE HÄNDCHEN

Hierfür kochst du Vanillepudding und füllst ihn noch flüssig in einen Gummihandschuh. Das offene Ende vom Gummihandschuh gut zubinden, damit der Pudding nicht rausläuft. Gut abkühlen lassen! Danach legst du das eklige Händchen in das Gefrierfach, bis es richtig festgefroren ist. Dann holst du es wieder raus und zerschneidest vorsichtig den Gummihandschuh. Wer will, gießt noch etwas Blut (Himbeersirup) darüber. Dann das eklige Händchen deiner Tante Susanne auf den Nachttisch legen! Hihi.

❹ GRUSELSCHATTEN

Klebe ein großes weißes Blatt mit Klebeband an die Wand. Dann stellst du dich davor (ein bisschen Platz zur Wand lassen, damit man noch darauf malen kann) und lässt dich von einer hellen weißen Taschenlampe anstrahlen. Jetzt sieht man deinen Schatten auf dem Papier. Ein Freund zeichnet nun vorsichtig deinen Schattenumriss mit einem Bleistift nach. Am tollsten ist es, wenn du dir noch einen Hut oder eine wirre Perücke aufsetzt oder wenn du verrückte Posen einnimmst, denn dann wirkt dein Schatten extragruslig. Dann kannst du das Poster von der Wand nehmen und deinen Schatten schwarz ausmalen. Das fertig ausgemalte Schattenbild kannst du wieder an der Wand aufhängen, am besten neben andere Gruselschatten. Falls du extrem nette Eltern hast, kannst du deinen Schatten auch gleich an die Wand malen. Höhö. War nur ein Witz.

Super! Jetzt hatten wir prima Material für die nächste **KLASSENFAHRT**. Hoffentlich kommt dann die **Parallelklasse** wieder mit. Als Gegengeschenk haben wir Hendrik dafür unsere Geheimschrift beigebracht.

MUHAHAHA!

> Er hat sie super schnell gelernt, viel schneller ~~als laa~~ als manch andere Leute.

Als wir dann abfahren mussten, waren alle ganz traurig, weil das nämlich die **beste** Klassenfahrt überhaupt gewesen ist! Zum Schluss hat uns Hendrik noch einen **ZETTEL** zugesteckt und dann hat er uns mit seinen Eltern und Frau **Schlotter** und **IGOR** oben von der Burg aus zugewunken, als wir zum Bahnhof runtergewandert sind.

IM ZUG HABE ICH DANN DEN ZETTEL GELESEN.

DARAUF STAND:

YRGGV PLNNG NRXS NZO
DRVWVI Y VHFXSVM!
VFIV TVSVRN HXSIRUG RHG HFKVI.
YRH YZOW, VFVI SVMWIRP

Zwei Monate später hat Hendrik dann noch eine
Ansichtskarte von BURG SCHLOTTERSTEIN
an unsere ganze Klasse geschickt. Da haben wir uns sehr
gefreut und Frau Weinerlein hat sie an die Wand
gepinnt, damit jeder sie lesen kann.

→ An die Klasse

Hey Leute,

hier ist Hendrik! Ich wollte euch nur berichten, dass die Mumien der Mega-Hit geworden sind. Sie haben jetzt sogar Namen bekommen: Kuni, Gunti, Eggi, Siggi und Willi. Das Fernsehen war letzte Woche auch da und hat eine Sendung über die Mumien von Schloss Schlotterstein gedreht. Außerdem haben sie zufällig gefilmt, wie eine Braut in den Teich in Igors Garten gefallen ist. Da wollen jetzt nämlich immer ganz viele Leute heiraten. Das war voll lustig.

Frau Schlotter macht jetzt auch Mittelalter-Kochkurse mit den Geheimrezepten von ihrer Urururururururgroßmutter Waltrauda. (Die Rezepte sind in Wahrheit aus dem Internet, aber sagt es niemandem weiter.)

Deswegen haben meine Eltern endlich wieder ein bisschen Zeit und wir fahren sogar mal in den Urlaub. Nach Bayern, auf Burg Galgenstein. Wir wollen mal sehen, was die Konkurrenz so draufhat. Bestimmt aber keine Mumien! Ich hoffe, ihr kommt nächstes Jahr wieder zu uns!

Bis dann, euer Hendrik, der Knitter-Ritter!

(Ich weiß, dass ihr mich so genannt habt. Haha!)